SIGRUN RITTRICH-DORENKAMP

Wohnungskatzen

Spannendes Revier in vier Wänden

FOTOS: MONIKA WEGLER
WHISKAS®

Inhalt

Mä a o
Mä ä a o u
Mä a o
Mä a o u

4

Eine glückliche
Wohngemeinschaft

Katzen sind Raubtiere. Sie brauchen unbeschränkte Freiheit. Gar nicht wahr: Viele Katzen führen auch ausschließlich in Wohnungen ein glückliches Leben. Und sie vermissen nichts, wenn einige Voraussetzungen erfüllt sind. Aber dafür sind Sie ja da!

Die Wohnung als Lebensraum

Nichts spaltet Katzenfreunde mehr in zwei unversöhnliche Lager als die Frage, ob Katzen besser nur im Haus gehalten werden sollten oder freien Auslauf brauchen. Die Befürworter der unbeschränkten Freiheit sagen, dass die perfekten Jäger auf Samtpfoten ihren Bewegungsdrang und ihren Beutetrieb unbedingt in der Natur ausleben müssen. Artgerecht würden Katzen nur gehalten, wenn sie ungebunden Felder, Wiesen und Wälder erkunden und auf Bäume klettern können.

Dem halten die anderen entgegen, dass in jedem Jahr hunderttausende frei lebender Katzen Opfer von Verkehrsunfällen, Jägern und Tierfängern werden und viele weitere elend an Infektionen und Vergiftungen sterben. Reine Stubentiger dagegen leben beschützter und sind weniger Gefahren ausgesetzt.

Katzen passen sich an

Immer mehr Katzenfreunde haben zur Indoor-Haltung allerdings gar keine Alternative. Sie wohnen mitten in der Stadt, hoch über den Straßen, vielleicht in der sechsten oder zehnten Etage, oder ihr

Hier gefällt's mir

Peter liegt in der Sonne am Fenster. Aus halb geöffneten Augen beobachtet er das laute Leben da draußen. Lärmende, stinkende Blechkisten rollen dort unten umher. Nein, da zieht ihn nichts hin. Lieber bleibt er hier drinnen in seiner gemütlichen Wohnung, bei seinem geliebten Menschen.

Es kann so schön sein

Haus ist umgeben von gefährlichen Bundesstraßen und Autobahnen. Hier ist ein Ausgang sowieso ausgeschlossen.
Doch die Samtpfoten sind unglaublich anpassungsfähig. Katzen haben sich selbst zum Haustier gemacht, als sie vor vielen tausend Jahren freiwillig aus der Wildnis zum Menschen kamen. Wo das kleine Raubtier sich wohl fühlt, Wärme, Geborgenheit, Liebe und Verständnis findet, da schließt es sich dem Zweibeiner eng an. Katzen sind von Natur aus keine ausdauernden Langstreckenläufer, sondern bringen kurzfristig körperliche Höchstleistungen. Nach anstrengender Jagd gönnen sie sich lange Erholungsphasen. Viele Stunden des Tages verbringen die Samtpfoten vorzugsweise mit Schlafen, Dösen, Beobachten, Sich-Putzen und Sonnenbaden. Und dafür ist eine gemütliche Wohnung bestens geeignet. Dank ihrer hervorragenden Anpassungsfähigkeit kann sich die Katze mühelos auf einen Lebensstil nur in der Wohnung einstellen, besonders wenn sie es von klein auf gewöhnt ist.
Sind Sie umgekehrt bereit, Ihrer Katze einen abwechslungsreichen Lebensraum zu gestalten, der ihren körperlichen und geistigen Bedürfnissen gerecht wird, dann brauchen Sie bestimmt kein schlechtes Gewissen zu haben, weil Sie Ihrem Liebling die unbegrenzte Freiheit verwehren.

Würde man eine Umfrage unter allen Indoor-Katzen machen, dann wären die meisten sicherlich grundsätzlich mit ihrem Los zufrieden. Der Tisch ist immer gedeckt, es gibt keinen Stress mit Rivalen, niemand macht ihnen das Revier streitig. Beklagen würden sich allerdings viele über gähnende Langeweile und über Einsamkeit. Manche würden allerdings kaum den Kopf heben, um zu antworten. Dafür wären sie viel zu bequem geworden. Etliche Kilo Übergewicht ließen sie jede unnötige Anstrengung vermeiden.
Konkret: Katzen leiden nicht unbedingt unter fehlendem Auslauf im Freien, aber

Zu zweit und mit diesem klingenden Glockenspiel wird's bestimmt nicht langweilig.

unter fehlenden Anregungen und unter mangelnder Bewegung. Gelingt es dem Menschen, für beides zu sorgen, wird der Stubentiger den Freigang nicht vermissen, sondern ein glückliches Leben in vier Wänden führen.

Katzen und Leine. Die meisten Katzen verabscheuen Leinen. Die besten Chancen hat man bei einem ganz jungen Kätzchen. Versuchen Sie es zunächst mit einem einfachen Halsband. Wird es geduldet, wechseln Sie zum Brustgeschirr. Erst dann Leine befestigen.

Hinweis: Katzen vom Bauernhof oder Katzen aus dem Tierheim sind oftmals Freigänger gewesen und haben den süßen »Duft der Freiheit« noch in der Nase. Solche Tiere gewöhnen sich nur recht schwer an die reine Wohnungshaltung.

Katzen und Menschen

Viel mehr als bei einem Freigänger wird das gesamte Dasein der Wohnungskatze von den Lebensumständen ihres Menschen beeinflusst. Der Freigänger erlebt draußen Abenteuer und sucht die Wohnung vielleicht nur zum Fressen und Schlafen auf. Die Indoor-Katze dagegen ist völlig davon abhängig, was der Mensch ihr innerhalb der vier Wände bieten kann. Der muss sich also allerhand einfallen lassen!

Katzen in der Familie. In der Familie wird sich die Katze wahrscheinlich nicht einsam fühlen. Es gibt genug Ansprechpartner und meist auch zahlreiche Schlupfwinkel. Geht es sehr turbulent zu, wird sich das vierbeinige Familienmitglied gern hin und wieder in einen abgelegenen »Privatbereich« zurückziehen.

Katzen und Singles. In der Singlewohnung dagegen kann es Mieze kaum erwarten, bis die Türe aufgeht und sich ihr Mensch endlich Zeit für sie nimmt. Wenigstens nach Feierabend und am Wochenende soll er für sie da sein, intensiv mit ihr spielen und schmusen. Auch eine kleine Wohnung kann ihr genug Abwechslung und Bewegung bieten, wenn sie mit vielen Versteck- und Klettermöglichkeiten katzengerecht gestaltet ist. Besonders Singles mit wenig Zeit sollten aber erwägen, lieber gleich zwei statt nur eine Katze anzuschaffen (→ Nimm zwei, Seite 10).

Katzen und Senioren. Ideale Wohnungsgefährten sind aus Katzensicht Senioren. Sie haben meistens ausreichend Zeit, verbreiten wenig Hektik, schmusen gern und kümmern sich fürsorglich um bestes Futter. Wenn der menschliche Freund dann auch noch mit fantasiereichen Spielen für genügend Abwechslung sorgt, kann die Seniorenwohnung zum Katzenparadies auf Erden werden.

Kuscheln mit Kater Jerry. Gibt es was Entspannenderes nach dem Schulstress?

Nimm zwei

Die Vorstellung, Katzen seien Einzelgänger, die von ihresgleichen nichts wissen wollen, ist falsch. Auch Katzen mit Freilauf treffen Artgenossen. Zwei Katzen, die sich gut verstehen, können eine innige Zuneigung zueinander entwickeln. Hingebungsvoll spielen sie miteinander, liefern sich wilde Verfolgungsjagden, balgen sich kräftig und pflegen sich gegenseitig liebevoll das Fell. Ein Mensch kann ihnen das alles gar nicht bieten, selbst wenn er sich noch so viel Zeit nimmt. Keine Angst! Sie spielen für Ihre Katzen immer die Hauptrolle. Nicht nur als »Dosenöffner«, sondern als Partner, dem sie vertrauen und der in ihren Herzen den ersten Platz einnimmt. Zwei Katzen bedeuten kaum einen größeren zeitlichen Aufwand als eine. Sie spielen gleichzeitig und schmusen können Sie notfalls mit einer Hand rechts und der anderen links – allerdings beansprucht jede Katze gern ihren Mensch für sich allein. Bei der Pflege müssen Sie die zweifache Zeit einkalkulieren. Doch das fällt eigentlich nur bei Langhaarkatzen ins Gewicht. Anders sieht es mit dem finanziellen Aufwand aus. Sie müssen mit doppelten Kosten für Futter, Katzenstreu, Grundausstattung und Tierarzt rechnen.

Hinweis: Es gibt Katzen, die ausgesprochene Einzelgänger sind und die Anwesenheit einer zweiten Katze nicht akzeptieren. Meist ist dieses Verhalten erblich bedingt und wird somit von den Eltern auch auf die Kinder übertragen.

Endlich daheim

Trotz all ihrer Anpassungsfähigkeit – ein paar Tage benötigt eine Katze, bis sie ihr neues Zuhause erkundet hat und sich darin wohl fühlt. Natürlich hängt es auch vom Temperament Ihres neuen Mitbewohners ab, wie schnell er sein Revier erobert. Ist er eher ein Draufgänger, den nichts schreckt, oder ein vorsichtiges, scheues Wesen? Am Anfang ist es jedenfalls besser, sehr behutsam mit ihm umzugehen und die Eingewöhnung mit viel Zuwendung zu erleichtern. Wer nicht gerade ahnungslos von einer Katze »überfallen« wird, die plötzlich vor der Tür steht und nachdrücklich Einlass begehrt, hat sich bestimmt schon auf den

Schmusen und Kuscheln ist für Katzen genauso wichtig wie Essen.

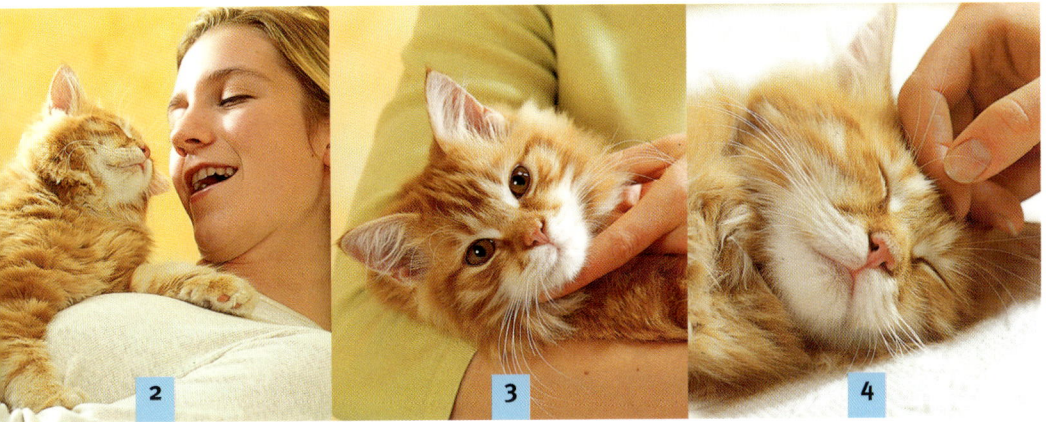

1 »Näschen lecken« ist Liebkosung nach Katzenart.

2 Zwei, die sich offenbar bestens verstehen und glücklich sind.

3 Kater Dolittle genießt das Kraulen unterm Kinn.

4 Beim sanften Streicheln über den Kopf fallen ihm die Augen zu.

neuen Bewohner vorbereitet. Katzentoilette, Futter- und Wassernapf, ein Schlafkorb und vielleicht sogar schon ein Kratzbaum stehen bereit. Katzenmahlzeiten und Einstreu liegen im Vorratsraum.

Tipp

Wer passt zu wem? Wurfgeschwister sind bereits Freunde, junge Katzen schließen schnell Freundschaft. Einer älteren Katze möglichst ein jüngeres Kätzchen des anderen Geschlechts hinzugesellen. Überfordern Sie jedoch eine sehr alte Katze nicht mit einem jungen Springinsfeld. Bei zwei erwachsenen Kätzinnen kann es Probleme geben.

Sie holen Ihr neues Familienmitglied am besten in einer sicheren Transportbox aus Kunststoff ab. Reden Sie unterwegs besänftigend auf die Katze ein. In der Wohnung angekommen, stellen Sie den Korb in die Ecke eines Raumes, öffnen ihn und setzen sich im gleichen Zimmer ruhig hin. Sie dürfen die Katze sanft locken, aber auf keinen Fall aus der Box ziehen. Geben Sie ihr Zeit, erst den Raum und dann die ganze Wohnung zu erkunden. Wahrscheinlich wird sie sich erst einmal unter das Sofa verkriechen, um aus der geschützten Lage heraus die Umgebung zu beobachten. Lassen Sie sie einfach in Ruhe und verhindern Sie, dass sie von einem anderen Tier oder von Kindern gejagt oder durch laute Geräusche erschreckt wird. Wenn sie sich jedoch bereits anfassen lässt, zeigen Sie ihr am besten sehr bald die Katzentoilette. Falls sie so etwas noch nicht kennt, ist es ratsam, sie kurz hineinzusetzen und ihr zu demonstrieren, dass man darin scharren kann. Zeigen Sie ihr auch ihren Futternapf, die Wasserschüssel und den Schlafkorb. Ist Ihre neue Mitbewohnerin noch sehr ängstlich, erzwingen Sie nichts – sie wird diese Plätze auch sehr bald alleine finden. In den ersten Tagen und Nächten sollten Sie das Tier nicht lange alleine lassen, denn es wird Mutter und Geschwister sehr vermissen. Mit aufregenden Jagdspielen locken Sie selbst die scheueste Katze bald aus der Reserve. Beschäftigen Sie sich viel mit ihr. Aber geben Sie ihr auch genug Ruhepausen und Privatsphäre.

Regeln sind wichtig

Ordnung ist das halbe Leben. Das mag für viele Menschen nicht unbedingt gelten, aber Katzen bestehen darauf. Sie wünschen feste Essenszeiten, pünktliche Heimkehr ihres Zweibeiners und verlässliche Spiel- und Schmusestunden. Sie mögen es überhaupt nicht,

wenn das vertraute Umfeld – ihr Revier – umgestaltet wird. Möbelrücken also bitte nur im Notfall. Und verändern Sie möglichst nicht den Platz der Katzentoilette. Was für Möbel gilt, hat auch für das lebende »Inventar« Gültigkeit: Wechselnde Mitbewohner, egal ob auf zwei oder vier Beinen, werden nicht gern akzeptiert. Ebenso dürfen Sie bereits gewährte Rechte nicht aufheben, ohne in Ungnade zu fallen. Wenn die Samtpfote einmal in Ihrem Bett schlafen durfte, empfindet sie es als unverständliche Zurückweisung, wenn Sie es ein anderes Mal nicht dulden. Wehren Sie den Anfängen, wenn es um das Betteln bei Tisch oder sogar das Stibitzen des Essens vom Tisch geht. Sonst haben Sie keine Chance.

Tabuzonen müssen immer und konsequent solche bleiben. Am besten aber führen Sie sie erst gar nicht in Versuchung, sondern räumen immer alle Lebensmittel weg oder schließen die Türen. Auch wenn sie sich selbst nicht unbedingt daran halten: Katzen lieben klare Regeln. Dazu gehört auch, dass sie ungestört bleiben möchten, wenn es Zeit für die Siesta ist. Im günstigsten Fall erntet der Störenfried ein missfallendes Grunzen oder Maunzen.

Versuchen Sie auch nicht, ihr ihren Lieblingsplatz streitig zu machen, sonst fallen Sie in Ungnade. Außerdem ist ein ordentli-

Immer jemand zum Schmusen: Im Doppelpack sind Katzen meistens glücklicher.

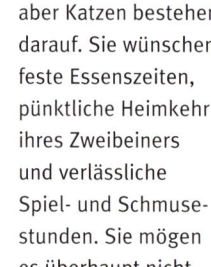

Verstehen Sie Ihre Katze?

Richtige Katzenmenschen können sich in die Psyche ihrer Samtpfoten hineindenken. Und verstehen auf Anhieb, was sie sagen will. Gehören Sie dazu?

➤ **Wird Zeit, dass du kommst!**
Läuft mit hoch erhobenem Schwanz herbei und streicht schnurrend um die Beine, wodurch sie ihren Menschen als ihren Besitz markiert.

➤ **Ich mag dich**
Zärtlicher Nasenstubser – am liebsten auf die Menschennase – und Köpfchengeben, Handlecken. Voraussetzung: Mensch ist auf gleicher Ebene.

➤ **Du kriegst mich nicht!**
Buckel, gehisster Schwanz und gesträubtes Fell: hüpft und galoppiert mit durchgedrückten steifen Beinen und voller Breitseite vor dem Partner.

➤ **Jetzt reicht's! Hör auf!**
Die Schwanzspitze peitscht hin und her. Wegstoßen mit den Pfoten, die Ohren sind angelegt.

➤ **Bitte streicheln**
Liegt langgestreckt auf der Seite oder rollt über den Rücken, guckt erwartungsvoll.

➤ **Oh sorry, ist mir echt peinlich**
Hektisches und sehr geschäftiges Putzen, ohne den Blick auch nur im Entferntesten zu heben.

➤ **Du hast mich vernachlässigt**
Haufen oder Pfütze auf der Couch, dem Sessel oder dem Bett.

➤ **Ich bin eingeschnappt**
Dreht demonstrativ den Rücken zu und würdigt den Menschen keines Blickes.

cher Katzenhaushalt frei von Hektik, Lärm, Rauch und heftigen Duftwolken.

Katze entwischt

Einmal nicht aufgepasst und schon ist Samtpfote nach draußen entschlüpft. Das passiert recht häufig bei Wohnungskatzen. Keine Panik! Meist sind die »Ausbrecher« so geschockt von den vielen neuen Eindrücken, dass sie sich ängstlich in ein nahe gelegenes Versteck verkriechen und dort abwarten. Machen Sie sich am besten sofort auf die Suche.

Informieren Sie die Nachbarn, zeigen Sie ihnen ein Bild Ihrer Katze und bitten Sie sie, in der Garage oder im Schuppen nachzuschauen, ob Ihr kleiner Tiger sich vielleicht dort versteckt hält. Stellen Sie gefüllte Futterschälchen vor der Haustür und rund ums Haus auf. Taucht die Katze auf, keinesfalls hektisch auf sie zulaufen.

Nähern Sie sich ihr langsam, sprechen Sie beruhigend auf das Tier ein, locken Sie es mit kleinen Leckerbissen.

Bleibt die Katze verschwunden, informieren Sie das Tierheim, verteilen Sie Zettel, möglichst mit Foto Ihrer Katze, Ihrer Adresse und Telefonnummer in Ihrer Umgebung und erkundigen Sie sich auch beim Ordnungsamt, ob Ihre Katze vielleicht dort abgegeben wurde.

Verschiedene Temperamente

Keine Katze gleicht der anderen. Es gibt jedoch rassebedingte Wesensmerkmale, die Ihnen die Wahl erleichtern können. Hier einige beliebte Rassekatzen mit ihren unterschiedlichen Temperamenten und Ansprüchen. Checken Sie ab, ob Sie der richtige Partner für Ihre Traumkatze sind.

feine Dame

flotte Mieze

Burma & British

Burmas hassen Langeweile und Alleinsein. Sie fordern viel Zuwendung, sind sehr schmusebedürftig und überaus intelligent. Die eher ruhigen, sanften und verträglichen British-Kurzhaar-Katzen wollen Menschen und Artgenossen, die sie nicht zu arg bedrängen.

Maine Coon & Kartäuser

Die majestätischen selbstbewussten Maine Coons brauchen viel Platz. Sie lieben einen luftigen Aussichtsplatz auf dem gesicherten Balkon. Die Kartäuser ist ruhig und zurückhaltend. Sie gibt sich auch mit einer kleineren Wohnung zufrieden. Ideale Anfängerkatze mit kuscheligem Teddyfell.

graue Eminenz

Hauskatze

Ihr Temperament ist so vielfältig wie ihr Aussehen. Über 90 Prozent aller Katzen sind normale Hauskatzen. Entscheidend für Sie sollte sein, dass Ihre Katzen in der Wohnung aufgewachsen sind. Ein wildes Bauernhof-Kätzchen wird es kaum ertragen, den ganzen Tag eingesperrt zu sein.

big boss

Sibirische Katze

Die kräftigen Katzen sind sehr unternehmungslustig, aktiv, klug, robust und familientauglich. Für Fans von Langhaarkatzen sind sie eine pflegeleichte Alternative zu den Persern. Sibirische Katzen brauchen Platz in der Wohnung und Menschen, die viel Zeit zum Spielen haben.

Bengal & Siam

Die Bengalkatze ist temperamentvoll, äußerst verspielt, aber nicht aufdringlich. Mit Artgenossen gut verträglich! Fordernd und manchmal anstrengend ist dagegen die Siam. Sie ist hoch intelligent, aber zugleich sehr sensibel. Keine Katze für Anfänger! Siam unterhalten sich gern mit ihrem Menschen.

Schönheits-königin

wilder Feger

Perser & Abessinier

Gegensätzlicher können Katzen nicht sein. Perser sind ruhig, bedächtig und sanft. Ihr wunderschönes Langhaarfell muss täglich gepflegt werden. Abessinier sind hellwach, gelehrig und fast immer aktiv. Sie lieben es, bewundert zu werden, und danken es ihrem Menschen mit großer Anhänglichkeit.

iiaa o u
iaaa o u
iaaa o u
iaa o u

Schöne **Katzen** – **Wohnwelt**

Sie fragt nicht nach reich oder arm. Schöner Wohnen für Katzen hat nichts mit dem Geldbeutel zu tun. Ob Designermodelle oder Sonderangebote aus dem Möbelmarkt – Katzen fühlen sich dort wohl, wo ihre Menschen ihnen Zeit und Aufmerksamkeit schenken.

Hier gefällt's der Katze

Katzen würden anders bauen. Die meisten Menschenwohnungen sind aus Katzensicht unzweckmäßig. Sie bieten viel zu wenig Schlupfwinkel und Versteckmöglichkeiten, kaum vernünftige Aussichtsplätze, um das Revier zu überblicken und selten geeignete Kletteranlagen.

Die Wohnung aus Katzensicht

Menschen beachten die dritte Dimension, die Möglichkeiten des Raumes, viel zu wenig. Wenn die Zweibeiner sitzen oder schlafen, dann suchen sie immer Plätze in Bodennähe, höchstens 50 Zentimeter hoch. Dabei wäre es ein, zwei Meter höher viel sicherer – und interessanter. Aber auf ihren Schränken und Regalen finden sich statt bequemer Ruheplätze völlig unnütze Dinge, die auch noch bei der kleinsten Berührung herunterfallen. Außerdem ist es selbst für eine Katze oft schwierig, dort überhaupt hinaufzukommen, weil Treppen oder Kletterwände fehlen. Und leider gibt es meist viel zu wenig interessante Spielplätze. Von Mäusen ganz zu schweigen. Menschenwohnungen sind einfach

Geheimes Versteck

Vergeblich warte ich auf die gewohnte Begrüßung. Pinky ist nirgendwo zu sehen. Auch Rufen hilft nicht. Verzweifelt schaue ich in jeden Raum: Pinky ist weg! Plötzlich ein leises Geräusch aus dem Wäscheschrank: Hier sitzt Pinky hinter Handtuchstapeln und gähnt unschuldig.

langweilig. Doch das muss nicht so sein! Mit etwas Fantasie und gutem Willen lässt sich eine Wohnung zum Abenteuerspielplatz machen und so einrichten, dass der Stubentiger nie wieder weg will von hier.

Das lieben Katzen

My home is my castle – das gilt für Katzen noch viel mehr als für Menschen. Hier fühlen sie sich wohl und geborgen. In kürzester Zeit hat der Sofatiger sein kleines Königreich erobert und kontrolliert sein Revier. Und das geht natürlich besser von erhöhter Position aus.

Eine gute Übersicht. Aussichtsplattformen und Ruheplätze auf Regalen und Schränken, Kratz- und Kletterbäumen lassen Katzenherzen höher schlagen. Solche strategisch wichtigen Plätze geben sie nicht wieder her.

Revierkontrolle. Mehrmals täglich läuft die Herrscherin ihr Territorium ab, immer auf den gleichen Pfaden und am liebsten auf einem Rundkurs. Dabei hasst sie es, vor verschlossenen Türen zu stehen. In einer Katzenwohnung sind grundsätzlich alle Türen offen! Die Kletterkünstlerin ist glücklich, wenn sie auf ihrem Kontrollgang auch »die Wände hochgehen« kann. Mit einem an der Wand befestigten Sisalteppich oder Kokosläufer und/oder zusätzlich montierten Regalbrettern oder einer Katzenleiter ermöglichen Sie ihr den Aufstieg zu den oberen Etagen. Dort lässt sich sicher auch ein warmer und geschützter Schlafplatz einrichten.

Klettern. Ein mehrstöckiger, möglichst zimmerhoher und standfester (!) Kletterbaum ist das Schmuckstück jedes Katzenheims.

Eine Kuschelhöhle zum Schlafen ganz für sie alleine gehört unbedingt zum Katzenglück dazu.

Plattformen laden zum Beobachten und Verweilen ein. In die erhöht platzierten Kuschelhöhlen oder Liegemulden ziehen sich die Samtpfoten gern zum Schlafen zurück. Mit einem Ball an einem dünnen Gummiband und einem dicken Tau wird der Kletterbaum gleichzeitig zu einem attraktiven Spielcenter. Viel Spaß verspricht auch ein alter Wollsocken, der mit raschelndem Papier ausgestopft und mit einem Gummiband an den Kletterbaum gehängt wird.

Oder ein locker herunterhängendes Stück Stoff. Kratz- und Kletterbäume werden in vielen verschiedenen Ausführungen im Fachhandel angeboten. Achten Sie auf solide Ausführungen! Begabte Bastler können natürlich auch selbst einen bauen; wie wäre es mit Hilfe eines echten Baumstamms? Legen Sie für Ihren Sofatiger einen spannenden dreidimensionalen Abenteuerpfad an: den Kletterbaum hoch führt er beispielsweise weiter über ein Brett auf den Schrank oder ein Regal, auf der anderen Seite über die Kletterwand wieder nach unten, weiter durch Tunnel und Kartonhöhlen, über Hürden, ein dickes Tau zum Balancieren und zum Ausguck auf dem Fensterbrett. Jede Wohnung

Alles, was glänzt, klingt und sich bewegen lässt, regt zum Beutespiel an.

Das ist für Katzen unbedenklich

Katzen knabbern gern an Grünzeug. Um keine unnötigen Risiken einzugehen, sollten Sie Ihre Wohnung nur mit Pflanzen und Materialien ausstatten, die garantiert ungefährlich sind und der Katze gut tun. Geeignet sind:

➤ **Pampasgras oder Zyperngras** — Katzen spielen begeistert damit. Dadurch werden die Pflanzen leider schnell unansehnlich, also öfter austauschen.

➤ **Katzengras** — Dient wahrscheinlich als Verdauungshilfe. Gibt es im Zoofachhandel in Kästchen zu kaufen und ist unentbehrlich.

➤ **Katzenminze, Baldrian** — Wird von Katzen heiß geliebt und turnt sie an. Sie sind ganz verrückt danach. Wenn möglich im Balkonkasten oder -kübel ziehen.

➤ **Ackerminze, Thymian** — Bringt interessante Gerüche ins Katzenheim. Auf dem Balkon ziehen oder als Küchenkräuter im Topf kaufen.

➤ **Zitronenmelisse** — Bereichert ebenfalls die Geruchswelt. Gibt es als Küchenkraut in der Obst- und Gemüsetheke.

➤ **Steine, Blumen, Holz, Gräser, Zweige** — Bringen Sie Ihrem Stubentiger öfter mal fremde Gerüche von der Außenwelt mit.

➤ **Palmen, Bambus, Orangenbäumchen, Zimmerwein** — Die meisten Zimmerpflanzen sind ungiftig. Sie brauchen nicht alle Ihre Pflanzen zu verschenken. Im Zweifelsfall bei einem guten Fachhändler nachfragen.

bietet da andere Gestaltungsmöglichkeiten. Auf dem Abenteuerpfad können Sie einzelne Stückchen Trockenfutter und gesunde Leckerbissen verstecken, die nur mit einiger Anstrengung zu erjagen sind, oder kleines Spielzeug wie Fellmäuse, Bällchen und leere Garnrollen.

Krallen wetzen. Zum Katzenglück gehört neben den Klettermöglichkeiten mindestens eine weitere Stelle zum Krallenwetzen: ein Kratzbrett mit Sisalbespannung, ein Kratzbaum oder ein Fußabstreifer aus Sisal oder Kokosfaser, der an der Wand oder einem Schrank befestigt ist. Kratzgelegenheiten so hoch in einer Zimmerecke an der Wand anbringen, dass die Katze sich beim Krallenwetzen aufrichten muss. Auch ein Baumstamm mit grober Rinde und weichem Holz, bei dem Mieze richtig die Fetzen fliegen lassen kann, tut gute Dienste. Idealerweise kommt die Katze gleich nach dem Aufwachen an dem »Kratz«-Platz vorbei, auf dem Weg zum Futter beispielsweise. Dann kann sie hier ihre erste Showeinlage liefern, sich dabei recken und strecken und ihre Duftnoten hinterlassen.

»Katzenfernseher«

Für normale TV-Filme sind Katzen recht wenig zu begeistern. Doch schon gibt es vor allem in Amerika Anbieter von Videofilmen extra für Stubentiger mit abenteuerlichen Mäuse- und Katzenkrimis. Sie sollen der gelangweilten Wohnungskatze Unterhaltung bieten, wenn Sie sie allein zu Hause gelassen haben. Katzen zeigen zwar durchaus Interesse am Fernseher. Aber das Interesse gilt eher dem Gerät selbst, seiner Strahlung und Wärmeentwicklung. Statt davor sitzen manche Samtpfoten gern auf dem Fernseher – der Schwanz baumelt dekorativ quer über dem Bildschirm und versperrt dem Menschen die Sicht. Was der Zweibeiner an dem lärmenden Kasten so toll findet, dass er ihn stundenlang anguckt, kann Mieze nicht verstehen. Viel aufregender ist für sie das echte Leben.

Der Fensterplatz. Eine Katze sitzt unermüdlich »in der ersten Reihe« am Fenster und beobachtet das Geschehen draußen. Das Fensterbrett wird schnell zum Lieblingsplatz. Durch Sonnenstrahlen oder Heizung ist es hier außerdem schön warm. Ein offenes Fenster ist natürlich noch viel attraktiver. Gerüche, Geräusche, Luftbewegungen oder die Wärme der Sonne erlebt der Stubentiger intensiver. Insekten und Vögel scheinen erreichbar. Jetzt schaut er nicht nur zu, sondern ist praktisch mitten im Geschehen. So sehr, dass er leicht vom Fensterbrett abstürzen könnte, um einen vorbeifliegenden Schmetterling zu erhaschen. Das Fenster sollte deshalb immer

Tipp

Katzen-TV Aquarium. Katzen sind fasziniert von Fischen in einem Aquarium. Stundenlang können sie davor sitzen. Anfangs versuchen sie noch, die Fische durch die Scheibe zu erhaschen. Wichtig ist natürlich, dass das Aquarium immer gut abgedeckt ist. Denn Katzen sind von Natur aus geschickte Angler.

durch ein Netz oder ein Stahlgitter gesichert sein. Fürsorgliche Menschen legen auf das Fensterbrett auch noch eine kuschelige Decke oder ein weiches Polster (→ Foto, Seite 29). Ist die Fensterbank zu schmal, gibt es im Fachhandel einfach zu montierende Fensterbrett-Verbreiterungen oder Fensterliegen, die mit Schraubklemmen befestigt werden.

Ein Plätzchen zum Ausruhen

Auch die aktivste Katze braucht mehrere Möglichkeiten, sich zurückzuziehen und zu ruhen, das gilt vor allem auch für Katzen, die in Familien mit noch kleinen Kindern leben. Die meisten Katzen bevorzugen erhöhte Plätze. Sie suchen sich Sessel, Sofa oder Stühle aus und finden auf dem Kletterbaum, auf Schränken und Regalen geschützte und zugfreie Ruhezonen, die

Sie mit einer Decke, einem Kissen oder einem Stück Teppichboden komfortabel ausgestattet haben. Decke oder Kissen sollten waschbar sein; der Teppichboden kann nach einiger Zeit einfach ausgetauscht werden. Besonders attraktiv sind solche Ruheplätze in einem Regal oder einem Schrankfach.

Warm soll es sein. Gerne hält sich der Stubentiger auch an warmen Plätzen auf – er badet in den Sonnenstrahlen, die durch das Fenster hereinfallen, oder liegt lang und wohlig ausgestreckt vor einem Kaminofen, vor der Heizung oder auf dem Boden mit Fußbodenheizung. Unterschiedliche Temperaturzonen in einer Wohnung sind wichtig für sein Wohlbefinden.

Katzenbett und andere »Raststätten«

Katzen schlafen viel. Mindestens zehn Stunden des Tages verbringen sie insgesamt in Morpheus' Armen liegend und weitere fünf bis sechs Stunden halten sie an verschiedenen Plätzen kleine Nickerchen, dösen, ruhen oder sonnen sich. Für die ausgiebige Katzenwäsche und Krallenmaniküre benötigen sie noch einmal drei bis vier Stunden und sind dabei auch gerne ungestört. Der beliebteste Ort zum Schlafen ist für die meisten das Bett ihres Men-

schen, und natürlich am liebsten mit dem menschlichen Partner als Wärmflasche. Auf Rang zwei folgen etwa gleichberechtigt ein Schrankfach, ein allseitig geschlossener Karton mit Einstiegsluke, käufliche Katzenbetten, ein von mehreren Seiten geschlossener Katzenkorb, eine Kuschelhöhle, ein Katzenschlafsack oder der Einkaufskorb, am besten mit einem Polster darin. Die Geschmäcker sind sehr verschieden.

Restaurant und »stilles Örtchen«

Die schnurrenden Gourmets wollen ihre Speisen ungestört genießen. Das Katzenrestaurant wird idealerweise in einer geschützten, lärmfreien Ecke in der Küche

Nichts geht über ein spannendes Spiel mit dem Geschwisterchen.

eröffnet. Nicht alle Schleckermäulchen lassen sich mit Plastiknäpfen abspeisen. Das bevorzugte Essgeschirr besteht deshalb aus Keramik oder Edelstahl. Frisches Wasser muss immer ausreichend angeboten werden, allerdings sollte die Wasserschüssel am besten nicht unmittelbar neben den Futternapf gestellt werden.

Viele Katzen lieben es außerdem, zusätzlich direkt aus dem Wasserhahn zu schlabbern. Wenn Sie zwei Katzen haben, servieren Sie bitte jeder ihr eigenes Gedeck. Auch wenn sich die beiden gut verstehen, fressen sie nicht unbedingt gern aus einem gemeinsamen Napf.

Katzentoilette. Ungestört möchte Ihre Katze auch auf dem »stillen Örtchen« sein. Dieser diskrete Platz sollte aber leicht zugänglich sein. Auf keinen Fall darf das Katzenklo in der Nähe des Futters stehen. Das beleidigt den feinen Geruchssinn des kleinen Raubtieres. Bewährt haben sich das Badezimmer, das WC, ein Wäsche- oder Abstellraum oder auch der Keller, wenn er für die Katze immer erreichbar ist. Geschlossene Toilettenhäuschen sind aus Menschensicht gerade in einer kleineren Wohnung

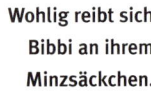

Wohlig reibt sich Bibbi an ihrem Minzsäckchen.

ideal, weil keine Streu herausgeworfen wird und die Duftwolke weitgehend drinnen bleibt. Doch ebendiese ist trotz der eingebauten Filter einer Katze mit ihrer empfindlichen Nase oft zu viel, und sie bevorzugt lieber das Sofa. Es kommt also auf einen Versuch an.

Als Einstreu eignet sich besonders saugfähiges und/oder klumpendes Material. Zusätzliche Duftstoffe, mit denen viele handelsübliche Streusorten parfümiert sind, um den Geruch der Katzentoilette zu überdecken, werden von manchen Katzen abgelehnt. Testen Sie aus, welche Sorte Ihr Tiger bevorzugt. Verschmutzte Streu mindestens einmal am Tag entfernen. Die Streu je nach Herstellerangaben komplett auswechseln und die Toilette sorgfältig mit heißem Wasser reinigen (keine Desinfektionsmittel verwenden!).

Spaß und Spiel

Selbst die feinste Ausstattung des Katzenheims taugt nichts, wenn das Wichtigste fehlt: die Liebe und volle Zuwendung des menschlichen Partners. Sie ist durch nichts zu ersetzen. Intensive Spiel- und Schmusestunden gehören zu den Grundbedürfnissen der Stubentiger wie Essen, Trinken und Schlafen (→ Spiel- und Schmusestunden, Seite 43).

Ist Ihre Wohnung katzenfreundlich?

		Ja	Nein
1	Kletterbäume sind hässlich. So etwas kommt mir nicht ins Haus.	○	○
2	Die Katze darf nicht ins Wohnzimmer. Sie kratzt das Sofa kaputt.	○	○
3	Katzentoilette und Futternapf stehen bei mir in der Gäste-toilette. Dort stören sie am wenigsten.	○	○
4	Ich habe einen Kletterpfad angelegt, damit die Katze oben auf den Schrank kommt.	○	○
5	Zum Krallenschärfen hat meine Katze einen Kratzbaum und eine Sisalmatte.	○	○
6	Bei mir wächst am Fenster immer frisches Katzengras.	○	○
7	Das Fensterbrett ist für meine Katze reserviert.	○	○
8	Katzen sind doch schwindel-frei! Also brauche ich kein Schutznetz an meinem Balkon und Fenster.	○	○

Haben Sie die Fragen 1,2,3 und 8 mit »Ja« beantwortet, dann ist es bis zum Katzenparadies noch weit. Wenn Sie die Fragen 4, 5, 6 und 7 mit »Ja« beantwortet haben, dann fühlt sich die Katze bei Ihnen bestimmt sehr wohl.

Hier lauert Gefahr

Messer, Nadel, Schere, Licht, sind für kleine Katzen nicht. Auf unsere schnurrenden Freunde lauern nicht nur vor der Haustür Gefahren, sondern auch innerhalb der Wohnung. Dabei sind Jungkatzen deutlich stärker gefährdet als die Erfahrenen. Lassen Sie keine Nähnadeln, Nähgarn, Perlen oder Wollknäuel herumliegen. Die Katzen könnten sie verschlucken oder sich damit strangulieren.

Kerzen und Herdplatten. Mit brennenden Kerzen lassen Sie die Katze besser nicht unbeaufsichtigt. Damit sich Ihr Kätzchen nicht die Pfoten auf heißen Herdplatten verbrennt, diese bitte abdecken, geschlossene Töpfe darauf stehen lassen oder die Katze solange aus der Küche verbannen.

Giftstoffe. Lacke und Farben, Medikamente, Putz- und Lösungsmittel und andere Gifte gehören in einer Katzenwohnung immer unter Verschluss.

Fenster. Kippfenster werden oft zur Todesfalle. Die Katze glaubt, sie käme durch den Öffnungsspalt gut nach draußen, springt, rutscht ab, bleibt in dem Winkel hängen und gerät mit ihrem Hals oder dem Becken immer tiefer in den Spalt. Eine Kippfenster-Sicherung (aus dem Fachhandel) ist ein wirkungsvoller Schutz. Einen lebensbedrohlichen Absturz aus dem offenen

Giftige Pflanzen. Wenn Katzen daran knabbern, wird's gefährlich. Verbannen Sie Gewächse wie Azalee, Dieffenbachia, Kroton, Hyazinthe, Oleander, Solanum (Nachtschatten), Rhoeo, Engelstrompete oder Weihnachtsstern aus dem Haus.

Erweitertes Revier mit Frischluftgarantie

Mit einem Balkon wird das Katzenparadies perfekt. Er bedeutet mehr Freiheit und Abwechslung. Hier kann der Stubentiger an der frischen Luft in der Sonne liegen, das Spiel der Blätter im Wind, Vögel, Schmetterlinge und andere Insekten beobachten, unendlich viele Geräusche und Gerüche wahrnehmen. Natürlich muss Mieze über die Brüstung schauen können, sonst ist der Balkon nicht interessant. Die Brüstung lässt sich leicht mit einem Brett zu einem komfortablen Aussichtsplatz verbreitern. Ein Katzenschutznetz oder ein Stahlgitter verhindern, dass die Samtpfote abstürzt. Hübsch ist es, wenn daran einige Kletterpflanzen hochranken. Spendieren Sie Ihrer Katze außerdem einen echten Baumstamm – sie wird begeistert sein. In einer Astgabel befestigen Sie ein Brett als Aussichtsplattform. Wichtig ist, dass die Katze jederzeit von Wohnung zu Balkon und umgekehrt wechseln kann.

Im Heu toben und darin einschlafen ist fast wie ein Urlaub auf dem Bauernhof.

Fenster oder vom Balkon in einer oberen Etage verhindert ein einfach anzubringendes Katzenschutznetz.

»Höhlen«. Vor dem Anstellen immer einen prüfenden Blick in die Waschmaschine oder den Trockner werfen. Und bevor Sie eine Schranktür schließen, vergewissern Sie sich immer, ob sich Ihre Katze nicht vielleicht darin versteckt hat.

Ei, ei, ...bin ich nicht eine süße Osterüberraschung?

Plastiktüten und Gummiringe. In die Tüten kriechen Katzen gern hinein und können ersticken. Gummiringe werden geschluckt und können Darmverschluss verursachen.

Abenteuer- und Wohlfühl- plätze

Mit ein bisschen Fantasie lässt sich jede Wohnung in ein kleines Katzenparadies verwandeln. Der Fachhandel bietet eine Fülle katzengerechter Ausstattung. Aber vieles lässt sich auch selber basteln. Hier finden Sie einige Anregungen, damit sich Ihr Stubentiger nicht langweilt.

Matte & Balance

Für die innere Balance sorgt eine Magnetfeldmatte und schützt gleichzeitig vor schädlichen Strahlen. Auf solch einem dicken Tau trainiert Mieze ihren Gleichgewichtssinn. Wichtig: Katzen verabscheuen wackelige Angelegenheiten. Deshalb Seil unbedingt fest verankern!

Feierabend

Tiger-Lilly

»Eigentumswohnung«

Ein eigener Sessel für Lilly: Den macht ihr wenigstens niemand streitig! Tommy und Teddy lieben ihr Eigenheim. Wenn es in der Hütte ein wenig zu eng wird für zwei, gibt es immer noch die prachtvolle Dachterrasse. Da kann dann einer Wache schieben, während der andere ganz tief schläft.

Haustiere

Hängebetten

Um diese hängenden Luxusbetten beneiden Sie sicher Ihre Samtpfoten. In luftiger Höhe genießen Eichhörnchen und Dolittle die gute Aussicht und die ungestörte Ruhe. Wichtig: Das Hängebett unbedingt so verankern, dass es nicht zu sehr schwingt.

Free climbing

Krallen wetzen

Kratzgelegenheiten hat man nie genug. Je vielseitiger das Angebot, umso weniger sind die Menschenmöbel in Gefahr. Ideal: Obendrauf ist eine Schlafmulde. Wenn die Katze sich nach dem Wachwerden dehnen und strecken will, sind die Fitness-Geräte für den »Frühsport« gleich da.

Spielen & Kratzen

Eine sisalbespannte Trommel mit Schlupflöchern ist ein idealer Fitness-Spielplatz für aktive Stubentiger. Die schönsten Kuschel- und Kratzplätze bietet der dekorative Kletterbaum mit echten Baumstämmen. Wichtig: Kratz- und Kletterbäume dorthin stellen, wo auch Sie sich entspannen.

Süße Träume

Eine Schlafmulde, die am Heizkörpe eingehängt wird, ist im Winter besonders begehrt. Der sonnige Platz am Fenster wird mit einem Stahlgitter gesichert, das nicht durchgebissen werden kann und Abstürze verhindert. Spielzeug und Katzengras ergänzen den luftigen Aussichtsplatz.

Mi aa uu
Mi a a
uu Mia
a uu
Mi aau

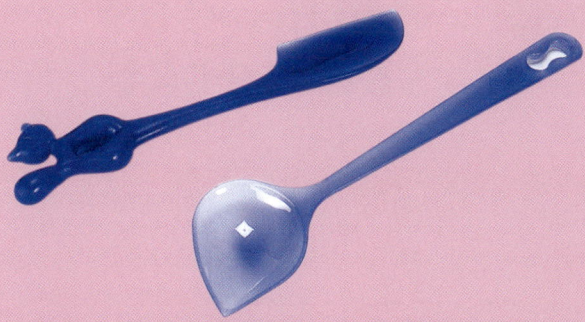

Leckeres für
Feinschmecker

In der Wohnung leben Katzen wie im Schlaraffenland. Ein Maunzer genügt und schon öffnen wir die Dose mit einem köstlichen Katzenmenü. Dazu gibt es Leckerchen satt und vom Tisch fällt auch immer mal was ab. Gar nicht so einfach, schlank und gesund zu bleiben.

Hmm, das schmeckt ...

In der Natur stehen Mäuse ganz weit oben auf dem Katzen-Speiseplan. Aber auch Fischen, Käfern, Vögeln, kleinen Kaninchen oder sogar Ratten sind die kleinen Raubtiere nicht abgeneigt, wenn sie sie erwischen. Etwa zehn bis fünfzehn Mäuse braucht eine erwachsene Katze täglich. Die Jagd ist anstrengend und kostet eine Menge Energie. Die Belohnung ist eine ideale Futtermischung: viel Eiweiß aus leicht verdaulichem Muskelfleisch, genügend Fett, Kohlenhydrate, sowie Rohfasern, Mineralstoffe, und Vitamine aus den Innereien, Knochen und Haaren. Der Eiweißbedarf von Katzen ist groß – etwa doppelt so hoch wie bei Hunden.

Nicht nur Fleisch!

Wo es keine Mäuse gibt, brauchen Katzen anderes hochwertiges Eiweiß. Nur bei ausreichender Proteinversorgung zeigen die Samtpfoten ihren schönsten Schmuck, ihr glänzendes Haarkleid, in voller Pracht. Trotzdem darf eine Katze nicht alleine mit Fleisch ernährt werden. Dies hätte schwere Mangelerscheinungen zur Folge. Unter anderem würde sie zu wenig Kalzium und

Selbstbedienung

Momo ist sauer – und hungrig. Sein Frauchen hat ihn auf Diät gesetzt und behauptet, er sei zu fett geworden. Aber er hat eine Idee. Dort oben auf dem Schrank steht das Trockenfutter. Mühsam springt er hinauf, wirft die Packung um und schon purzeln die begehrten Bröckchen heraus.

zu viel Phosphor erhalten, die für einen gesunden Knochenbau wichtig sind. Eine ebenso ausgewogene Nahrung zusammenzustellen, wie sie die Natur der Katze bietet, ist für uns sehr schwierig. In typischer Menschennahrung sind für Mieze zu wenig Eiweiß (Protein), Mineralstoffe und Vitamine, zum Beispiel Vitamin A. Erhält sie aber andererseits zu viel Vitamin A oder D, kann dies sogar zu Vergiftungen führen.

Die beste Alternative

Wer kein Risiko eingehen will, greift zu gutem Fertigfutter. Damit ist es einfach, die Katze auch ohne Mäuse in jedem Lebensalter gesund zu ernähren. Es enthält alle Inhaltsstoffe, die eine Katze braucht, und erspart natürlich auch eine Menge Arbeit und Zeit. Außerdem ist es sogar preisgünstiger als selbst gekochte Nahrung und erleichtert Dosierung und Vorratshaltung. Grundsätzlich sind Feucht- und Trockennahrung gleichwertig. Mit beiden sind Katzen vollwertig und gesund zu versorgen. Und beides gibt es in vielen Geschmacksrichtungen. Damit ist es einfach, etwas Abwechslung in den Speiseplan zu bringen. Aber während Feuchtnahrung etwa 80 Prozent Wasseranteil enthält, ist in Trockenfutter nur eine Restfeuchte von etwa 10 Prozent. Stubentiger, die haupt-

sächlich Trockenfutter fressen, müssen also mehr trinken als Dosenverbraucher. Wenn Ihr Stubentiger nicht zum Überfressen und Dickwerden neigt, dürfen Sie ständig eine Handvoll trockener Bröckchen in einem Schüsselchen bereitstellen. Dann kann sich die Katze so bedienen, wie es ihren natürlichen Fressgewohnheiten am meisten entspricht: Mehrmals am Tag nimmt sie einen kleinen Happen. Feuchtnahrung bitte nie direkt aus dem Kühlschrank servieren. Ideal sind etwa 38 °C. **Hinweis:** Übrigens, keine Sorge, Ihre Katze ist durch Fertigfutter nicht BSE-gefährdet. Markenfutter-Hersteller garantieren, dass sie kein Tiermehl aus den Kadavern kranker oder verendeter Tiere verarbeiten und

Ich steh' auf Grünzeug! Wohnungskatzen brauchen frisches Katzengras im Topf.

seit mehr als 10 Jahren keine BSE-Risiko-materialien wie Rinderhirn oder Rücken-mark verwenden. Wenn Sie sich bei Ihrem Futter nicht sicher sind, informieren Sie sich direkt beim Hersteller. Bei Marken, denen Sie vertrauen können, finden Sie eine Service-Telefonnummer auf jeder Futterpackung.

Brauchen Wohnungskatzen besonderes Futter?

Bei reinen Stubentigern ist es noch wichti-ger als bei Katzen mit Freilauf, dass ihr Fut-ter artgemäß optimal zusammengesetzt ist. Denn sie können sich ja keine Mäuse als Ergänzungsbissen erjagen, zum Aus-gleich von eventuellen Mängeln. Eine In-door-Katze bewegt sich meist weniger als ihre Artgenossen, die durch Nachbars Gar-ten streifen. Es geht ihr damit genau wie uns Zweibeinern, wenn wir zu viel im Büro sitzen. Alles, was wir essen, setzt leicht an. Sie braucht deshalb eine bekömmliche Kost mit hochverdaulichen Proteinen. Damit der Darm durch den Bewegungs-mangel nicht träge wird, müssen gut ver-trägliche Ballaststoffe enthalten sein, die das Verdauungssystem stimulieren und die Darmflora schützen. Ballaststoffe helfen auch die Haare, die die Katze beim Putzen schluckt, abzuführen.

Ernährungsregeln für Stubentiger

➤ **Handwarm.** Nie kalt aus dem Kühlschrank füttern, sondern Futter anwärmen.

➤ **Pünktlich.** Futter immer zur gleichen Zeit servieren.

➤ **Frisch.** Wasser muss täglich frisch gereicht werden und immer zur Verfügung stehen.

➤ **Ruhig.** Katzen möchten beim Essen nicht gestört werden.

➤ **Sauber.** Futternapf und Wasserschüssel werden täglich gründlich gereinigt.

➤ **Grün.** Auf der Fensterbank immer ein Schälchen mit Katzengras keimen lassen und Kräuter ziehen.

➤ **Sparsam.** Extras, Snacks und Leckerlis nur hin und wieder geben und auf die Kalorien achten!

Tipp

Haarballen. Beim Putzen des Fells verschluckt die Katze Haare. Mit Hilfe von Katzengras ist das Tier in der Lage, die Haarballen wieder hervorzuwürgen. Auch regelmäßige Gaben von etwas Speiseöl oder Butter erleichtern den Haaren das Passieren des Verdauungstrakts.

Hochwertige Fertignahrung entspricht den Bedürfnissen der Leckermäulchen. Einige Sorten sind auf die speziellen Ansprüche älterer und inaktiver Katzen abgestimmt. Wichtig ist natürlich, dass die Futtermenge dem verminderten Energiebedarf der Wohnungskatzen angepasst ist. Also besser etwas weniger geben.

Futter gegen Langeweile

Wer sagt überhaupt, dass Sie dem Schlemmer auf vier Pfoten immer alles bequem vor die Nase setzen müssen? Statt ihm die ganze Mahlzeit hinzustellen, soll der Sofatiger sich doch einen Teil seiner »Beute« selbst erjagen. Verstecken Sie Bröckchen vom Trockenfutter, Vitaminsnacks und Zahngesundheits-Bissen verteilt in der Wohnung, zum Beispiel auf dem Abenteu-

erpfad. Und lassen Sie ihn ruhig ein bisschen arbeiten, bis er die Mahlzeit ergattert: Er kann die begehrten Happen aus kleinen Schachteln, Papiersäcken oder Papprollen angeln. Es gibt beispielsweise spezielle Lochbälle, die beim Rollen nur hin und wieder ein Bröckchen freigeben. Aus zwei leeren runden Joghurtbechern, in die Sie Löcher schneiden und umgekehrt aufeinander kleben, können Sie leicht auch selbst ein ähnliches Jagdobjekt basteln. So verschaffen Sie Ihrem kleinen Tiger nicht nur Bewegung, sondern auch ein höchst beglückendes Erfolgserlebnis.

Katzengras und Vitamine

Katzen knabbern gern an Grasspitzen. Warum – darüber streiten sich die Katzenexperten. Weit verbreitet ist die Meinung, dass hartes Gras der Katze hilft, einen Haarballen hervorzuwürgen, der sich in ihrem Magen gebildet hat. Beim Putzen des Fells schluckt sie tote Haare, die nicht verdaut werden. In der Tat erbrechen Katzen häufig, nachdem sie am Gras gekaut haben. Wohnungskatzen, die sich ihre Portion

Zusammen spielen und toben baut Kalorien ab.

Grün nicht in der Natur holen können, brauchen deshalb ein Schälchen mit Katzengras. Es ist im Zoofachhandel erhältlich und sprießt am Fenster nach wenigen Tagen auf einige Zentimeter Höhe (→ Tipp, Seite 35). Mit Begeisterung macht sich Ihr kleiner Gourmet außerdem über Ihr Zyperngras her.

Ebenfalls hilfreich und mit ähnlicher Wirkung ist eine spezielle Katzenmalz-Paste aus der Tube (aus dem Zoofachhandel).

Vitamine. In Tuben oder in Form von Tabletten und Snacks werden Vitamine und Mineralstoffe für die Katze angeboten. Bei einer hochwertigen Fertignahrung und normalem Appetit der kleinen Tiger ist eine zusätzliche Vitaminversorgung normalerweise nicht nötig. Sinnvoll ist die Vitaminzugabe jedoch, wenn sich die Samtpfote von einer Krankheit erholt, Fell- oder Hautprobleme zeigt, trächtig ist, abspecken muss, keinen rechten Appetit hat, im Seniorenalter Futterbestandteile schlechter verwertet oder wenn Sie Ihre Katze häufig selbst bekochen möchten.

Das Kräuterbeet auf dem Fensterbrett

Katzen mögen Grünzeug nicht nur in Form von Katzengras. Mit Baldrian und Katzenminze können Sie die meisten Katzen ver-

zücken! Manche geraten geradezu aus dem Häuschen, wenn sie Katzenminze (auch Catnip) riechen. Diese Kräuter lassen sich ohne Probleme auf der Fensterbank ziehen. Eine interessante Geruchswelt können Sie Ihrem Stubentiger erschaffen, indem Sie gleich viele verschiedene Küchenkräuter pflanzen. Ein kleiner Balkonkasten oder eine Schale an einem Süd- oder Westfenster bilden das Beet. Gut geeignet für den Zimmer-Kräutergarten sind zum Beispiel Zitronenmelisse, Salbei, Thymian, Rosmarin, Lavendel, Basilikum, Majoran, Petersilie, Kerbel und Minze.

Trinken – darf's auch etwas Milch sein?

Gleich vorweg: Das richtige Getränk für Katzen ist frisches Wasser. Bitte stellen Sie immer ein Schüsselchen mit frischem Wasser bereit. Manche Katzen trinken auch sehr gern direkt vom Wasserhahn.

Milch. Katzen lieben Milch und manche sind ganz wild darauf. Leider vertragen nicht alle Kuhmilch. Etliche reagieren mit Durchfall, weil sie die Laktose, den Milchzucker, nicht vertragen. Diese Unverträglichkeit ist genetisch angelegt. Wenn Ihre Katze keine Probleme zeigt, dürfen Sie ihr ruhig hin und wieder etwas Milch zum Schlabbern geben. Denken Sie aber daran,

Nicht alles, was nach Maus aussieht, schmeckt auch so!

dass Milch ein hochwertiges Nahrungsmittel ist und nicht nur ein Durstlöscher. Die Kalorien müssen Sie also bei der Gesamtmenge des täglichen Futterangebotes berücksichtigen. Geben Sie die Milch unverdünnt, denn Katzenmilch ist viel fetthaltiger. Es ist nicht der Fettgehalt, sondern nur der Milchzucker, der Probleme macht. Falls Ihre Katze von der Milch Durchfall bekommt, haben Sie folgende Alternativen: Sie geben ihr saure Milch, Joghurt, Quark, milden Käse, Hüttenkäse oder andere angesäuerte Milchprodukte. Hier richtet die Laktose keinen Schaden mehr an. Am einfachsten ist es, wenn Sie auf spezielle laktosereduzierte Katzenmilch ausweichen, die vielen Katzen sogar besser schmeckt als normale Milch.

Die verwöhnte Katzenzunge

Manche Katzen essen ohne Widerspruch alles, was in den Napf kommt. Vor ihnen ist auch sonst nichts Fressbares im Haus sicher. Andere sind anspruchsvoll und akzeptieren nur ein bestimmtes Futter. Kein Grund zur Besorgnis. Solange es sich um gutes Fertigfutter handelt, bekommen sie alle Nährstoffe, die sie brauchen. Zwingen Sie sie nicht, auf eine andere Sorte umzusteigen. Sie können aber versuchen, einen

Tipp

Fresssucht durch Langeweile. Das ist die Hauptursache der Fettsucht. Die Katze frisst aus Frust und das setzt besonders an. Ab sofort ist täglich mindestens eine Stunde Sport, Spiel und Spaß angesagt! Schaffen Sie eventuell eine zweite, junge Katze an, die Ihr Dickerchen auf Trab hält.

Löffel einer anderen Geschmacksrichtung unterzumischen, um sie allmählich daran zu gewöhnen. Junge Katzen sollten frühzeitig viele verschiedene Futtersorten kennen lernen. Ab und zu dürfen Sie Ihre Schlemmerin mit Extras verwöhnen, zum Beispiel ein wenig mildem Käse, Hüttenkäse, Quark oder Joghurt, ein bisschen Schinken oder gekochtem Ei. Verträgt sie Milch, darf's auch mal ein Klecks Schlagsahne sein. Fleisch und Innereien sollten Sie vorsichtshalber nur gekocht oder gebraten servieren, um die Katze vor Infektionen zu schützen. Am besten geeignet sind Hühnchen, Pute, Wild oder Fisch. Einen großen, nicht gesplitterten, gekochten Knochen können Sie ihr übrigens bedenkenlos zum Abnagen überlassen. Viele gesunde weitere Leckerbissen und Snacks gibt's im Fachhandel. Behalten Sie aber immer das Gewicht Ihrer Katze kritisch im Auge: Alle

Extras sollten natürlich von der täglichen Futterration abgezogen werden.

Fette Wohnungskatze – was nun?

Ist Ihre Katze aus den Fugen geraten, hilft nur strikte Diät, der Verzicht auf alle Happen zwischendurch und ein intensives Bewegungsprogramm, das den Stoffwechsel ankurbelt. Leider gibt es viele viel zu fette Stubentiger. Das ist nicht nur ein Schönheitsfehler. Eine erhebliche Fettsucht belastet den Organismus ganz enorm, kann zum Versagen von Organen und letztlich zum frühen Tod führen.
Damit es nicht soweit kommt, sollten die Alarmglocken schlagen, wenn Sie die Rippen Ihres Schmusetigers nicht mehr so leicht fühlen können. Doch stellen Sie sich gleich darauf ein: Der Kampf gegen den Katzenspeck wird mindestens ebenso hart werden wie der gegen eventuelle eigene Fettpölsterchen.
Falls das Gewicht Ihrer Katze schon rekordverdächtig ist und Ihr Kampf aussichtslos wird: Sprechen Sie mit einem Tierarzt.
➤ Reduzieren Sie das Futterangebot sofort auf die Hälfte. Einige wenige weitere Bröckchen verstecken Sie so, dass die Katze sie nur unter erheblichem Bewegungsaufwand erobern kann.

➤ Streichen Sie sofort alle Zusatzhäppchen und Leckerlis.
➤ Lassen Sie sich durch nichts erweichen. Auch vom Tisch fällt kein Bröckchen mehr für Ihren Liebling ab!
➤ Bleiben Sie hart, auch wenn Sie sich als Rabenmutter oder -vater fühlen!
➤ Schmusen Sie ausgiebig mit ihr. Statt Leckerlis gibt es mehr Zuwendung.
➤ Geben Sie ihr zusätzliche Vitamine, um Defiziten vorzubeugen.
➤ Achten Sie darauf, dass immer ausreichend frisches Wasser zur Verfügung steht.
➤ Versuchen Sie Ihr Dickerchen zum Spielen zu bewegen. Genügend Anregungen, wie Ihr Wohnungstiger wieder in Form kommt, finden Sie im Kapitel »Spiel- und Schmusestunden« ab Seite 44.

Zeit für ein Spielchen: Für die beiden wird's nie langweilig.

Das schmeckt und hält fit

Nicht alles, was gut schmeckt, ist schlecht für die schlanke Linie Ihres Stubentigers. Es gibt eine Menge an Snacks und Leckerlis, die Katzenzungen verwöhnen, ohne dick zu machen, und gleichzeitig für gesunde Zähne, eine geregelte Verdauung und ein glänzendes, dichtes Fell sorgen.

Käse schließt den Magen

Knusper-taschen

Lecker-schlecker

Sonntags-braten

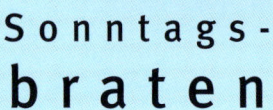

Joghurt light

Ei, ei, Ei!

Dinner for **three**

Katzen- schmaus

Nacht- kerzenöl

Katzen- Milch

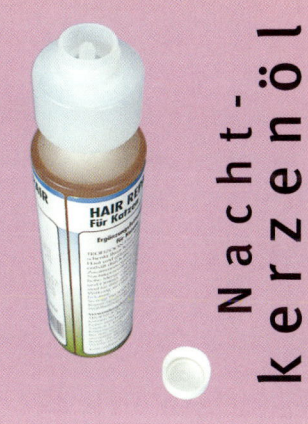

Zahn pflege

Katzen gras

Crunchies

Sahne- mäulchen

grrr
grrrgrr
grrgrgrr
grgrr

Spiel- und Schmusestunden

Auch wenn sie noch so betagt sind: Spielen und Schmusen mit ihrem Menschen genießen Katzen in jedem Alter. Spielen hält Körper und Geist fit – Schmusen ist Balsam für die Seele. Beides ist für ein glückliches Katzendasein lebenswichtig.

Spielen ist das halbe Leben

Für uns ist Spielen nur ein netter Zeitvertreib. Für Katzen ist es das Leben. Spielen ist das Proben für den Ernstfall. Schon im zarten Alter von drei Wochen balgen sie sich mit Geschwistern und der Mutter und üben, ihre Bewegungen zu kontrollieren. Spielerisch lernen sie bald alles, was sie für das Leben brauchen: sich anschleichen, im richtigen Moment losspringen und zupacken, fangen, verfolgen, töten, fressen, balancieren und klettern, angreifen, kämpfen und fliehen. Je mehr das heranwachsende Kätzchen spielt, desto intelligenter und geschickter wird es. Der Spieltrieb ist ihm angeboren und bleibt das ganze Leben über erhalten. Denn nur dauerndes Training hält für den Ernstfall fit.

Wie Wohnungstiger in Form bleiben

Auch erwachsene Katzen spielen noch mit ihrer echten Beute, schleudern sie hoch, lassen sie vielleicht sogar noch einmal weglaufen und fangen sie wieder. So üben sie ihre Geschicklichkeit und bauen zugleich die Erregung ab, die sich während des Belauerns und Heranpirschens auf-

Wartestunden

Pinky freut sich schon: Pünktlich um sechs Uhr heute Abend wird ihr Mensch wieder da sein und dann werden sie ausgelassen durch die Wohnung toben. Doch bis dahin ist es noch sooo lange hin! Aber er hat ihr fest versprochen: Morgen bekommt sie ein zweites Kätzchen zur Seite.

Oh, was versteckt sich denn da? Der Sache muss ich doch gleich mal auf den Grund gehen!

gestaut hat. Der Jagd- und Spieltrieb ist so stark, dass auch eine vollkommen satte Katze eine einmal entdeckte Maus nie laufen lassen würde. Nur fressen würde sie sie nicht. Ist keine echte Beute da, wird eben ein Ersatzobjekt gesucht. Ob Maus, Falter, Blätter oder Papierbällchen – das Ritual ist immer das gleiche. Auch Haustiger müssen sich täglich genau so austoben können, überschüssige Energie abbauen und ihre Beweglichkeit, ihre Muskeln und Sinne trainieren. Spielen gehört so zu ihrer Natur wie Essen und Schlafen.

Spielen gegen Langeweile. Für Wohnungskatzen ist Spielen das reinste Lebenselixier. Sie brauchen das Spiel als Ersatz für echte Pirsch und Beutefang. Wenn sie nicht genügend Spielanreize erhalten, sind sie völlig unterfordert und können Verhaltensstörungen entwickeln (→ Seite 68). Katzen, die einzeln gehalten werden und deren Menschen sie häufig allein lassen, fühlen sich sehr einsam. Ihnen ist langweilig. Je intelligenter eine Katze ist, umso mehr leidet sie unter dem Nichtstun. Weil sie ihre Energien nicht anders loswerden kann, wird sie aggressiv, zerstört die Woh-

nungseinrichtung oder zerrupft die Pflanzen. Oder sie stumpft immer mehr ab und frisst sich aus Frust und Langeweile fett. Und je dicker sie wird, umso weniger mag sie sich bewegen.

Spielen hält fit. Stubentiger, die keinen freien Auslauf haben, müssen mindestens eine Stunde täglich sehr intensiv spielen und toben, um geistig und körperlich fit zu bleiben. Mehr ist besser. Dazu kommen noch weitere Stunden Zweisamkeit und Schmusen mit ihrem Menschen. Das gilt auch für gesunde Seniorenkatzen. Aller-

Die tägliche Schmusestunde macht Mensch und Katze glücklich und zufrieden.

dings verlaufen die Spielpartien dann nicht mehr ganz so stürmisch.

Während heranwachsende Kätzchen immer neugierig sind und noch viel aus eigenem Antrieb spielen, brauchen erwachsene Katzen im Schlaraffenland Wohnung zusätzliche Anreize, um ihren Jagdtrieb und Bewegungsdrang ausreichend zu befriedigen. Wo es keine echte Beute gibt, muss der menschliche Partner den Animateur spielen oder geeignete Spielpartner besorgen.

Die verschiedenen Spieltypen

Lassen Sie ein Stöckchen mit Federbusch wie ein Mäuschen unter dem Teppich »laufen«.

Katzen sind so verschieden wie Menschen. Manche sind eher phlegmatisch und brauchen immer einen wichtigen Grund, bevor sie sich in Bewegung setzen, andere sind kleine überschäumende Temperamentsbündel. Es gibt sanftmütige, vorsichtige, scheue Katzen ebenso wie übermütige, vorwitzige, freche Draufgänger. Entsprechend unterschiedlich sind auch ihre Spielgewohnheiten. Was die eine total begeistert, lässt die andere völlig unberührt. Ähnlich verschieden sind Rassekatzen in ihrem Temperament und das beeinflusst natürlich

auch ihr Spielverhalten. So ist der Bewegungsdrang und Jagdtrieb von Perserkatzen, Kartäusern und British Kurzhaar im allgemeinen nicht besonders stark ausgeprägt. Obwohl sie als Freigänger oft ausgezeichnete Mäuse- und sogar Rattenjäger sind. Die bedächtigen und zurückhaltenden Katzen zum Spielen zu animieren, ist gar nicht so leicht. Man hat fast den Eindruck, als wollten sie sich in ihrer Würde nicht mit läppischen Spielchen abgeben. Wilde Verfolgungsjagden über Tische und Schränke sind nicht ihre Sache. Trotzdem brauchen sie für ihre Gesunderhaltung ausreichend Bewegung. Probieren Sie deshalb verschiedenes Spielzeug aus und entdecken Sie zusammen mit Ihrer Katze neue Spiele, die zu ihrem Wesen passen und ihr Spaß machen.

1

Das krasse Gegenteil sind Siamkatze und Orientalisch-Kurzhaar: Anspruchsvolle Energiebündel, die sehr viel Zuwendung von ihren Menschen fordern. Ihr Spiel ist wild und leidenschaftlich und sie wollen sich mit ihrem Menschen am liebsten den ganzen Tag unterhalten. Solche Katzen

1 Aufgeregt tatzelt Mimi nach der »Beute«.

2 Im Jagdeifer rutscht sie fast unter den Teppich.

3 Beinahe hätte sie den Wedel erwischt.

4 Schwanz hoch und Kopf unter. Nun hab' ich das »Mäuschen«.

sind für fast alle Spiele zu begeistern, gelten als einfallsreich und intelligent und haben einen extrem großen Bewegungsdrang. Außerdem brauchen sie ausgedehnte Schmusestunden.

Tipp

Keine Lust mehr. Ist Ihre Katze nicht mehr so richtig bei der Sache, beenden Sie die Spielstunde besser. Spielen soll schließlich Spaß machen. Auch Ihnen. Wenn das kleine Raubtier im Jagdeifer Krallen oder Zähne in Ihre Hand schlägt, ist auch dies ein Grund für die rote Karte. Brechen Sie das Spiel unverzüglich ab.

Die anderen Rassen und die meisten Hauskatzen liegen in ihrem Wesen irgendwo zwischen diesen beiden Polen.
Gleich ob Rassekatze oder normaler Haustiger: Sie alle brauchen Bewegung, und wir müssen uns im Spiel auf diese unterschiedlichen Persönlichkeiten einstellen. Wenn Katzen überhaupt nicht spielen wollen, so ist das meist ein Zeichen von Krankheit oder erheblichem Übergewicht.
Nur in ganz seltenen Fällen lassen sich gesunde Katzen nicht zum Spielen überreden. Ihnen müssen Sie dann auf anderem Wege die nötige Bewegung verschaffen, zum Beispiel indem Sie ihnen das Futter in einzelnen Häppchen in der ganzen Wohnung verstecken oder Ihre Lieblinge zur »wilden« Jagd verführen.

Spielplatz Wohnung

Garten, Wiesen, Feld und Wald sind von Natur aus ein Spielparadies für Katzen. Da gibt es echte Mäuse und Vögel, Schmetterlinge, Käfer und andere Krabbeltiere, raschelnde Blätter, wogende Gräser, riesige Kletterbäume, natürliche Aussichtsplätze und jede Menge guter Verstecke unter Büschen oder im hohen Gras zum unsichtbaren Anschleichen. Für wilde Verfolgungsjagden ist reichlich Platz, überall raschelt, fiept oder knistert es vielversprechend und es gibt unendlich viele spannende Gerüche. Diese vielfältigen Anreize lassen sich zwar nicht in ihrer gesamten Bandbreite in der Wohnung schaffen. Doch mit etwas Fantasie wird Ihr Liebling auch in der Wohnung nicht allzu viel vermissen.

Spielzeug, das Spaß bringt. Spielzeug, das weitestgehend dem Beuteschema entspricht, sorgt immer für ein spannendes Spiel. Gut geeignet ist alles, das allein oder mit Ihrer Hilfe beweglich ist, zappelt, zuckt, springt, rollt oder fliegt. Typische Ersatzbeute sind kleine Bälle, Federbüschel an Angeln und Fellmäuse. Wenn die Spiel-

Mäuschen aller Art sind herrliche Spielbeute.

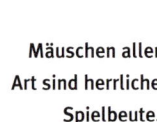

beute dann auch noch raschelt, knistert oder fiept, steht sie der echten kaum nach. Vorteilhaft ist auch, wenn Katze ihre Krallen und Zähne lustvoll hineinschlagen kann und wenn sich das Jagdobjekt leicht wegtragen lässt (→ Special-Seite 52/53).

Ersatz für die Natur draußen. Ideale Höhlen und Verstecke gibt's im nächsten Supermarkt oder auf dem Dachboden: ein rundum geschlossener, großer Karton mit einem hineingeschnittenen Türchen und zwei, drei Aussichtslöchern stellt jeden Busch draußen in den Schatten. Eine große Papiertüte und eine in lockere Falten aufgeworfene Decke gibt der Lauerjägerin genauso Sichtschutz beim Anschleichen wie hohes Gras. Und dass die Kletterbäume in der Wohnung nicht in den Himmel wachsen, ist der Katze egal, solange Sie sich viel mit ihr beschäftigen. Wenn Sie ihr öfter mal einen Zweig, einen Stein, duftende Gräser und trockenes Laub von draußen mitbringen, wird sie dankbar sein für die Bereicherung ihrer Geruchswelt.

Das spielen Katzen am liebsten

E gibt hunderte von Lieblingsspielen. Spiele, die die Geschicklichkeit und Schnelligkeit der kleinen Haustiger herausfordern, stehen weit oben auf der Hitliste.

Welcher Spieltyp ist Ihre Katze?

		Ja	Nein
1	Sie legen die Fellmaus vor den Augen Ihrer Katze beiseite. Sofort springt diese hinterher.	○	○
2	Sie ziehen eine Schnur mit einem Korken am Ende hinter sich her. Die Katze folgt Ihnen und fängt den Korken am Hindernis.	○	○
3	Sie knüllen raschelnd ein Stück Papier zusammen und lassen es fallen. Die Katze wird aufmerksam.	○	○
4	Sie stellen einen Karton auf, in den Sie ein Türchen geschnitten haben. Ihre Samtpfote nimmt die »Villa« sogleich in Besitz.	○	○
5	Sie setzen eine aufziehbare Spielmaus in Bewegung. Ihre Katze stürzt sich begeistert auf die Maus.	○	○
6	Sie bewegen Ihren großen Zeh unter der (Bett)Decke. Die Katze springt hinzu und verfolgt die »Maus«.	○	○

0–2-mal »Ja«: Ihre Katze ist ein ruhiger Typ, der sich für Spiele nicht (mehr) so begeistert. 3–4-mal »Ja«: Ihre Katze spielt gern, aber sie ist zurückhaltend und vorsichtig. 5–6-mal »Ja«: Ihre Katze ist sehr spielfreudig und aufmerksam.

Geschicklichkeitsspiele. Eine Fellmaus an einer Schnur, die sich ruckartig hierhin und dorthin bewegt, mal langsam, mal schneller rennt, um Ecken herum verschwindet oder auch die Kletterwand »hochläuft«, ist kaum zu toppen. Anstelle einer Fellmaus tut's auch ein Korken, Stofffetzen, Papierbällchen oder auch nur das Kordelende. Die Katze lässt der Beute gern ein wenig Vorsprung und greift erst dann zu, wenn sie schon fast in Sicherheit ist. Lassen Sie die Jägerin unbedingt ab und zu gewinnen, sonst verliert sie die Motivation. Ähnlich begeistert spielen viele Katzen mit dem Federbüschel an der Katzenangel. Damit es noch Spaß macht, darf das »Vögelchen« nicht zu hoch und zu schnell davonfliegen. Immer wenn sich die »Beute« versteckt, ist das eine echte Herausforderung für die kleinen Tiger. Ob das Bällchen im Schuh, ein Papierknäuel in einer leeren kleinen Schachtel, die aufziehbare Fellmaus, die in einer Kartonhöhle verschwindet, oder der Finger unter einer Decke – sie alle üben einen unwiderstehlichen Reiz aus.

Spielen mit Artgenossen

Wo zwei Katzen sind, da kommt kaum Langeweile auf. Zwei sind ideal, wenn der menschliche Partner nicht täglich mehrere

Stunden Zeit hat, um sich mit seiner Mieze intensiv zu beschäftigen. Miteinander Raufen und Balgen zählt schon bei den ganz Kleinen zur Lieblingsbeschäftigung. Für junge Katzen geht nichts über ausgelassene Verfolgungsjagden quer über Sessel, Tische und Schränke. Sie galoppieren lauter als eine Herde Wildpferde, schleichen sich lautloser an als eine Schlange und gehen mit Ihren Dekorationsgegenständen um wie der Elefant im Porzellanladen. Aber keine Angst. Diese wilde Phase dauert nur wenige Wochen und in dieser Zeit können Sie zur Spielzeit Ihr wertvolles Mobiliar bestimmt mit Decken schützen und alles aus dem Weg räumen, was relativ leicht umfallen kann.

Zwei Katzen haben schier unendlich viele Beschäftigungsmöglichkeiten. Einen Tischtennisball kicken sie in einem turbulenten Spiel durch die Wohnung. Abwechselnd sind sie Torwart und Mittelstürmer. Der Mensch darf den Schiedsrichter spielen. Der gemeinsame Kampf um die Maus an der Schnur oder das Federbüschel an der Angel geht meist unentschieden aus. Keiner lässt gerne den anderen gewinnen. Viel Spaß für zwei versprechen ein Tunnelsystem und Kartons mit verschieden großen Guck- und Schlupflöchern. Sind Sie bereit, eine ganze Rolle Toilettenpapier zu spendieren? Probieren Sie's aus! So spannend das Spiel mit dem Artgenossen auch ist, noch viel mehr Spaß macht es, wenn ihr Mensch ihnen dabei zuschaut.

Spielen mit dem Menschen

Ein Artgenosse kann über einsame Stunden hinweghelfen und die Abwesenheit des menschlichen Partners schon deutlich erträglicher machen. Aber wirklich ersetzen kann er ihn nicht. Ebenso taugt das schönste und teuerste Spielzeug nichts, wenn die persönliche Zuwendung des Menschen fehlt. Gemeinsame Spiele mit ihm sind höchstes Katzenglück. Die Beziehung zum Menschen kann dabei viel enger werden als zu einer anderen Katze. Am meisten Spaß macht es natürlich zu dritt.

Tipp

Streicheln. Vorsicht vor der Bauchregion der Katze, wenn Sie nicht wollen, dass die Schmusepartie ein abruptes und manchmal auch schmerzhaftes Ende findet. Nur wenige Katzen lassen sich dort gerne und entspannt streicheln. Die meisten zeigen schnell klare Abwehrsignale, und nicht selten fährt das Schmusekätzchen plötzlich die Krallen aus.

Einfallsreiche Zweibeiner haben unendlich viele Ideen für gemeinsame Power-Spiele. Aber auch das ganz alte »Fang mich doch«, wo jeder einmal Jäger und einmal Gejagter ist, begeistert noch immer die vierbeinigen und die zweibeinigen Mitspieler gleichermaßen. Absolute Hits sind Anschleich- und Versteckspiele, bei denen die Katze Sie listig austricksen kann.

Richtig schmusen

Tausend Wonnen durchlebt unsere Katze, wenn wir sie richtig streicheln. Was richtig ist und was falsch, zeigt sie uns deutlich. »Learning by Doing« ist die Devise für uns. Auffordernd präsentiert sie uns die Lieblingsstellen, und auch das »Wie« finden wir schnell heraus, wenn wir hinschauen, hinhören und fühlen. Sie lässt uns über ihre Gefühle nicht im Zweifel. Mit einer Katze zu schmusen ist ein überaus sinnliches Erlebnis – für beide, Mensch und Tier. Schon bald wissen unsere Hände ganz genau, was ihr gut tut. Und während sich die Katze immer wohler fühlt, werden auch wir immer entspannter, zufriedener und einfach glücklicher. Schmusen ist für das Wohlbefinden und die Gesundheit unserer kleinen Tiger sehr wichtig – und für unsere eigene ebenso. Es ist Balsam für die Seele. Mindestens eine halbe Stunde lang ist täglich Schmusetime. Zugaben werden deutlich eingefordert. Wichtig ist, dass Sie anfangs nur zart, gleichmäßig, stetig und immer mit dem Strich streicheln. Allmählich können Sie dann hier und da auch in kleinere, kreisende Bewegungen übergehen, den Druck ein wenig verstärken, vorsichtig massieren. Sie wird es bestimmt genießen. Testen Sie auch einmal, wie Ihre Katze reagiert, wenn Sie die Hand nur noch hauchzart über das Fell gleiten lassen, fast ohne Berührung. Zur Abwechslung kraulen Sie mit den Fingerkuppen unter dem Kinn, zwischen den Ohren und den Schulterblättern. Übrigens: Wenn Ihre Mieze beschließt, dass die Schmusezeit vorüber ist, machen Sie besser keinen Versuch, sie aufzuhalten. Morgen geht's weiter.

Karneval auf Katzenart: Die Papierschlangen erobern Katzenherzen immer.

Spiel und Spaß im Katzenalltag

Spielen ist für Wohnungskatzen lebenswichtig. Gefragt ist Ihre Fantasie und immer mal wieder etwas Neues – sei es gekauft, selbst gebastelt oder ausgedacht. Wichtig vor allem: das tägliche Spiel zusammen mit Ihnen, denn »Beute«, die sich nicht bewegt, reizt die Jägerin nicht.

Schnapp-schuss!

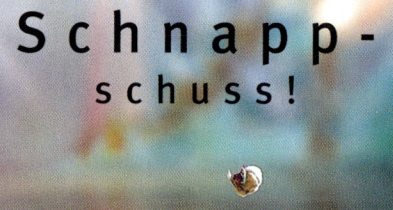

Fang den Ball

Jetzt aber im Sprint schnell hinterher! Reaktionsvermögen und Beweglichkeit der Stubentiger werden durch Ballspiele und andere fliegende Jagdobjekte gefördert. Ideal ist, wenn die kleine Raubkatze anschließend noch ihre Krallen in die »Beute« schlagen kann.

Fun light

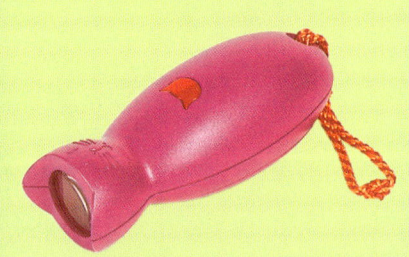

Fun light & Circle

Das ist doch zum Mäusemelken! Da kann die Katze noch so fit sein, den tanzenden Lichtstrahl immer wieder fangen und doch hat man nichts in den Tatzen! Aber Spaß macht es trotzdem. Genauso wie die Jagd nach dem eingesperrten Ball. Der rennt immer wie verrückt im Kreis und kommt nie heraus.

Leckerbissen fischen

Auf dem Foto links gilt es, einen Leckerbissen aus einer schwimmenden Seerose zu angeln, ohne dass dieser ins Wasser fällt. Als tierfreundliche Alternative zum Fischen im Aquarium versucht Mimi hier die bunten Glasfische herauszuangeln, ohne dabei zu nasse Pfoten zu bekommen.

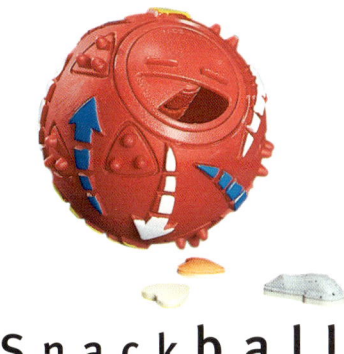

Snackball

Raschel-sack

Deckungsspiele

Herabhängende Decken oder ein stoffüberzogener Raschelsack bieten reizvolle Verstecke für das Höhlentier. Aus der Deckung heraus erfolgt der blitzschnelle Angriff auf die Spielzeugbeute. Werfen Sie vor den Augen Ihrer Katze ein Leckerli in eine Papiertüte, so dass sie hinterherspringt.

Auspowern

Catnip & Klettermaxe

Das wilde Spiel mit dem Catnip-Säckchen hat Crazy ganz schön erledigt. Ob er jetzt überhaupt noch hier hinaufkommt? Aber so eine sisalumwickelte Katzenleiter ist für die geschickten Kletterkünstler eine unwiderstehliche Herausforderung. Genauso wie das Säckchen mit Katzenminze.

chr r r
ch ch r r
ch
Chr r Chr r r
Chrr

Gesund und schön

Zur Gesundheit gehört nicht nur, dass die Katze keine Krankheit hat, sondern auch, dass sie sich rundherum wohl fühlt, gut gepflegt und fit ist. Eine gesunde Katze ist schön. Sie können viel dafür tun, damit es der süßen Samtpfote wirklich gut geht.

Die häufigsten Krankheiten

Zwar sind Haustiger vor vielen Gefahren der freien Wildbahn geschützt. Aber nicht vor Krankheiten. Das Risiko, sich mit einer der typischen Infektionskrankheiten zu infizieren, ist zwar vermindert, jedoch nicht für alle ausgeschlossen. Zudem sind die Abwehrkräfte einer Wohnungskatze nicht so trainiert wie bei einem Straßenkater. Regelmäßige Impfungen schützen Ihre Katze zuverlässig vor Ansteckungen durch die gefährlichsten Katzenkrankheiten.

Impfungen retten Leben

Katzenseuche (Panleukopenie): Sie ist eine weit verbreitete und hochansteckende Krankheit, die sehr schwer und meistens tödlich verläuft. Die Erreger sind extrem widerstandsfähig und bleiben bei Zimmertemperatur mindestens ein Jahr lang ansteckungsfähig. Kranke Katzen scheiden sie mit Kot und Urin, Speichel, Erbrochenem und anderen Sekreten aus. Übertragen wird die Krankheit nicht nur durch direkten Kontakt von Katze zu Katze oder über Gegenstände, sondern auch über den Menschen. An seiner Kleidung und mit den

Schnelle Hilfe

Tobby hat Bauchschmerzen. Schon seit Tagen. Essen mochte er auch nichts mehr. Gerade waren sie beim Tierarzt. Dieser hat ihm so ein rundes Ding auf den Bauch gehalten. Dann hat er eine Spritze bekommen und musste etwas Ekliges schlucken. Aber jetzt tut es schon gar nicht mehr weh!

Schuhen kann er die Erreger in die Wohnung einschleppen. Selbst ist er allerdings nicht gefährdet. Die Krankheit zeigt sich nach drei bis zwölf Tagen mit Symptomen wie Futterverweigerung, Mattigkeit, hohem Fieber, Erbrechen und schwerem Durchfall. Eine Behandlung kommt dann oft schon zu spät, besonders bei kleinen Kätzchen.

Katzenschnupfen: Hinter dieser Bezeichnung verbergen sich schwerwiegende, manchmal sogar lebensbedrohliche Infektionen, hauptsächlich durch Herpesviren, Caliciviren und Chlamydien verursacht. Die Erreger werden von kranken Katzen über die Nase, Augen und den Speichel ausgeschieden und von anderen Katzen eingeatmet. Die Ansteckung erfolgt zwar meist von Katze zu Katze, aber es ist nicht auszuschließen, dass auch der Mensch sie mit ins Haus bringt. Auf den Menschen ist Katzenschnupfen nicht übertragbar! Schon nach ein bis vier Tagen zeigen sich bei der Katze Symptome wie häufiges Niesen, Ausfluss aus Nase und Augen, Entzündung der Schleimhäute, verklebte Augen, Speicheln, Fieber, Atembeschwerden und Appetitlosigkeit. In schweren Fällen kann es zu Geschwüren an Schleimhäuten oder zu einer Lungenentzündung, dauernder Schweratmigkeit oder zur Erblindung kommen. Junge Kätzchen und schwache Tiere sind besonders gefährdet.

Hinweis: Vor Katzenaids (FIV) oder Tollwut sind reine Wohnungskatzen auch ohne Impfung weitgehend geschützt, da diese (nicht heilbaren) Erkrankungen nur durch einen direkten Kontakt übertragen werden. Mit Leukose (FeLV) und Bauchfellentzündung (FIP) dagegen können sich Katzen auch schon im Mutterleib anstecken, so dass vor allem bei größeren Katzenpopulationen (Katzenzüchter) die Ansteckung schon stattgefunden hat, bevor die Katze ins Haus kommt. Am besten fragen Sie Ihren Tierarzt, ob eine Impfung für Ihre Katze sinnvoll ist.

Wann impfen? Gegen Katzenschnupfen und Katzenseuche wird das Kätzchen das erste Mal im Alter von acht oder neun

Lust auf Autofahren? Damit die Katze gesund bleibt, muss sie viel spielen.

Wochen geimpft. Eine zweite Impfung folgt im Abstand von drei bis vier Wochen. Damit ist die Grundimmunisierung abgeschlossen. Auffrischungsimpfungen sind in jährlichem Abstand dringend zu empfehlen. Wichtig ist, dass die Katze bei der Impfung gesund ist, sonst kann sie keine Immunität ausbilden. Das bedeutet auch, dass sie wurmfrei sein muss. Deshalb sollte sie zwei bis vier Wochen vorher entwurmt worden sein. Natürlich muss die Katze auch frei von Parasiten sein.

Flöhe und andere Parasiten

Die lästigen Plagegeister sind leider auch ein Thema bei reiner Wohnungshaltung.
Flöhe. Katzen- oder Hunde-Flöhe können wir an unserer Kleidung mit ins Haus bringen, ohne es zu merken. Mit Hilfe moderner »Spot-on«-Präparate (beim Tierarzt erhältlich), Flohhalsbändern, Puder oder Tabletten können Sie Ihre Katze schnell von den Flöhen befreien. Daneben sollten Sie auch zum Staubsauger greifen und überall sehr gründlich saugen. Den Staubbeutel

Gut gepflegt fühlt sich Isabella auch in der Wohnung so richtig wohl.

anschließend sofort entsorgen. Außerdem ist nach Ausrottung der Plagegeister eine Wurmkur fällig, denn sie können als Zwischenwirt Bandwürmer übertragen.
Milben. Sie verursachen Entzündungen der Haut, Krusten und Schuppen und machen sich leider auch an Wohnungskatzen ran. Häufiges Kratzen am Ohr und Kopfschütteln weist auf Ohrmilben hin. Eine Behandlung kann nur der Tierarzt vornehmen.
Würmer. Sie befallen auch Stubentiger. Wir schleppen die Wurmeier wahrscheinlich an unseren Schuhsohlen ein. Außerdem können einige der Schmarotzer durch Flöhe übertragen werden. Jungkätzchen infizieren sich oft schon durch das Milchsaugen bei der Mutter.
Würmer machen Katzen (und Menschen) krank. Haken- und Spulwürmer können zu einem Trommelbauch, schlechtem Wachstum, Erbrechen, Durchfall und chronischen Darmerkrankungen führen. Katzen mit Bandwürmern haben oft ein struppiges Fell und magern ab. Achten Sie auf Bandwurmglieder um den After oder in ihrem Kot. Sie sehen aus wie flache Reiskörner oder wie Gurkenkerne und können sich strecken und zusammenziehen. Es gibt gut verträgliche Tabletten, die gegen alle Wurmarten wirken. Bei reinen Wohnungskatzen genügen im Allgemeinen ein bis zwei Wurmkuren pro Jahr.

Gesundheits-Check

		Ja	Nein
1	Die Katze ist munter und aufmerksam und spielt gern.	○	○
2	Sie hat einen guten Appetit.	○	○
3	Der Stuhlgang ist fest und feucht (nicht breiig oder flüssig).	○	○
4	Ihre Katze putzt sich intensiv, kratzt sich aber nur selten.	○	○
5	Das Fell sieht sauber und glänzend aus, ohne kahle Stellen.	○	○
6	Ihre Augen sind klar und offen. Augen und Nase sind frei von Sekreten oder Verkrustungen.	○	○
7	Die Zähne sind weiß, ohne gelblichen oder braunen Belag. Das Zahnfleisch ist fest und rosa.	○	○
8	Die Ohren sind sauber und nicht auffällig heiß. Sie schüttelt auch nicht ständig den Kopf.	○	○

Alle Fragen mit »Ja« angekreuzt? Falls nicht, sollten Sie Ihre Katze besser einem Tierarzt vorstellen.

Probleme der Wohnungskatze

Atemwege. Die meist extrem trockene Luft in unseren Wohnungen und feiner Staub führen bei vielen Stubentigern zu Reizungen der Atemwege. Oft genug verschlimmert wahrscheinlich Zigarettenqualm die Situation zusätzlich. Die Katze muss vom Tierarzt behandelt werden, damit die Atembeschwerden nicht chronisch werden. Mit Wasserspielen, einem Aquarium, vielen Grünpflanzen und häufigem Lüften lässt sich die Zimmerluft anfeuchten.

Verstopfung. Infolge mangelnder Bewegung leiden manche Wohnungskatzen häufig unter Verstopfung, die sogar chronisch werden kann. Erste und wichtigste Gegenmaßnahme ist viel Toben und Spielen und eventuell eine zweite Katze. Außerdem sollten Sie eine rohfaserreiche, leichte Kost reichen und für Katzengras und anderes fressbare Grün sorgen (wie zum Beispiel Zyperngras). Probieren Sie außerdem aus, wie die Katze auf Kuhmilch reagiert. In schweren chronischen Fällen hilft manchmal Lactulose-Sirup. Besprechen Sie das Problem unbedingt mit Ihrem Tierarzt.

Blase, Nieren, Leber. Nicht selten leiden vor allem ältere Stubentiger unter Blasenentzündungen, Blasen- oder Nierensteinen oder sogar einem chronischen Nieren-

versagen. Besonders Nierenerkrankungen haben oft eine sehr lange Vorgeschichte, werden aber erst sichtbar, wenn die Krankheit schon weit fortgeschritten ist. Ähnliches gilt für Lebererkrankungen, die wir meist erst sehr spät wahrnehmen, weil die Organe hohe Reservekapazitäten haben. Krankheitsanzeichen wie Apathie, Appetitmangel, Abmagern, Erbrechen, Durchfall, großer Durst, Atembeschwerden, ständiger Husten oder Probleme beim Wasserlassen und Stuhlgang sind ernste Alarmsignale. Gehen Sie schon bei ersten Anzeichen sofort zum Tierarzt.

Allergie. Hinter Haut- und Atemwegserkrankungen steckt auch bei Katzen manchmal eine Allergie, häufig gegen Nahrungsmittel. Die Allergene sind oft nur schwer herauszufinden. Allergietests scheitern schon häufig daran, dass es nicht für alles, womit Katzen in Berührung kommen, auch fertige Tests gibt. Hier ist in erster Linie Ihre Beobachtungsgabe gefragt. Führen Sie am besten ein Tagebuch und notieren Sie Besonderheiten, die Ihnen auffallen.

Aujeszky. Alle Katzen gleichermaßen trifft das Risiko, an Aujeszky (Pseudowut) zu erkranken, wenn sie rohes Schweinefleisch essen, das mit diesen Erregern infiziert ist. Die Viruskrankheit, die an extremem Juckreiz, Unruhe und Lähmungserscheinungen zu erkennen ist, verläuft absolut tödlich.

Pflegeplan

➤ Zur Entfernung von losen Haaren, Schuppen und Staub Langhaarkatzen täglich, andere einmal wöchentlich bürsten.

➤ Ohren einmal pro Woche kontrollieren. Ohrenschmalz nur von der äußeren Ohrmuschel mit feuchtem Tuch entfernen.

➤ Verkrustungen und Ausfluss in den Augenwinkeln (zum Beispiel bei Persern) mit einem feuchten Pflegetuch abtupfen.

➤ Zähne und Zahnfleisch mindestens einmal im Monat kontrollieren. Wenn möglich, Zähne 3 x pro Woche reinigen (mit Zahnbürste) oder Zahnhygiene-Snacks geben.

➤ Krallen wöchentlich kontrollieren und bei Überlänge kürzen (oder zum Tierarzt gehen).

➤ Ein- bis zweimal jährlich Wurmkur verabreichen (lassen). Katze einmal jährlich beim Tierarzt impfen lassen.

Geschlechtstrieb. Rollige Katzen werden von einer rastlosen Unruhe befallen, wälzen sich auf dem Boden, schreien und sind unsauber. Geschlechtsreife potente Kater markieren auch in der Wohnung. Sie verspritzen Harn mit intensiver »Duftnote«. Die Kastration schafft Abhilfe.

Eine Impfung ist nicht möglich. Durch längeres Erhitzen werden die Erreger abgetötet. Deshalb wichtig: Nie rohes oder halb gares Schweinefleisch fressen lassen.

Toxoplasmose. Jede Katze kann diese Krankheit bekommen. Die Hauptgefahr liegt hierbei allerdings in der Übertragung auf den Menschen. Meist verläuft die Infektion bei Katze und Mensch harmlos und wohl mindestens ein Viertel der Menschen hat eine Toxoplasmose durchgemacht, meist ohne überhaupt etwas davon zu wissen. Aber während der Schwangerschaft kann eine Infektion eine ernste Gefahr für das Baby darstellen. Um dem vorzubeugen, sollten sowohl Mensch als auch Katze grundsätzlich lieber auf rohes Fleisch verzichten. Schwangere, die selbst noch keine Antikörper haben (kann der Frauenarzt durch eine Blutuntersuchung feststellen), sollten außerdem das Reinigen der Katzentoilette anderen überlassen oder Einmal-Handschuhe tragen und sich anschließend gründlich die Hände waschen.

Die Kastration

Wer Katzen in der Wohnung hält, kommt um die Kastration nicht herum. Das gilt sowohl für männliche als auch für weibliche Stubentiger. Alles andere wäre eine Quälerei für die Katze (und für den Menschen). Der Geschlechtstrieb von nicht kastrierten Katzen ist einfach zu groß (→ Tipp, links). Beim Kater werden die Hoden und beim Kätzchen die Eierstöcke entfernt. Damit verschwindet der Sexualtrieb. Der beste Zeitpunkt ist mit etwa sechs bis sieben Monaten, bevor sie geschlechtsreif werden. Ohne Geschlechtstrieb führen Katzen ein recht ruhiges Leben. Kastrierte Katzen verbrauchen deutlich weniger Kalorien und essen gleichzeitig mehr. Kommt es hier zu einem Missverhältnis, speichert sich die überschüssige Energie in Fett ab. Kastrierte Katzen werden also nicht automatisch fett, sondern nur, weil sie sich zu wenig bewegen und zu viel fressen.

Hochseilakt: Gesunde Katzen sind die reinsten Balancekünstler.

Katzenpflege – leicht gemacht

Eine Katzenwäsche ist – ganz im Gegenteil zu dem, was wir darunter verstehen – die tägliche, sehr ausgiebige und gründliche Pflege. Die Katzenzunge ist der Waschlappen und dient außerdem als Kamm und Bürste. Die Pfote hilft aus, wo die Zunge nicht hinreicht. Jedes Härchen wird poliert und richtig gelegt, abgestorbenes Haar entfernt. Bei der Wäsche braucht die Katze in der Regel keine Hilfe. Es gibt jedoch unterstützende Pflegemaßnahmen, bei denen Ihre Katze nicht ohne Ihre Hilfe auskommt (→ Seiten 64 und 65).

Fellpflege

Langhaar-Katzen. Ihnen müssen wir helfen, damit ihr Fell nicht verfilzt. Bewährt haben sich dafür ein Kamm mit langen, runden Zinken und eine weiche Drahtbürste (Softbürste). Arbeiten Sie vom Kopf weg in Wuchsrichtung. Leichte Verknotungen sanft herausziehen. Kleine Knubbel können Sie mit den Fingern auseinander zupfen, aber stärkere Knoten sollten vor dem Bürsten und Kämmen mit einer Schere entfernt werden. Sonst tun Sie der Katze weh. Filzknötchen lassen sich auch sehr gut mit einem Trimmmesser (für Hunde)

Tipp

Inspektion. Wenn Sie Ihre Katze streicheln oder bürsten, ist das eine gute Gelegenheit, gleichzeitig den ganzen Körper zu untersuchen. Prüfen Sie den Zustand von Fell und Haut, Ohren, Augen, Zähnen, Krallen und Pfoten. Hautunreinheiten, Kratzer oder Schwellungen können Sie leicht fühlen.

herausziehen. Sollten sich bei Ihrer Katze bereits feste Filzplatten gebildet haben, kann ein Tierarzt oder ein guter Katzen- und Hundesalon helfen. Am einfachsten ist es dann, das Fell komplett kurz zu scheren, bis auf etwa einen Zentimeter. Es wächst schnell wieder nach. Eine Langhaarkatze muss täglich gebürstet werden.

Kurzhaar-Rassen. Sie brauchen in der Regel keine Unterstützung bei der Fellpflege. Trotzdem haben es viele Katzen gern, wenn sie mit einer Bürste oder einem Gummi-noppen-Handschuh sanft gestriegelt werden. Ein- bis zweimal wöchentlich genügt jedoch völlig.

Kartäuserkatzen und andere Rassen. Katzen mit sehr dickem Fell kommen alleine gegen ihre Haarmengen gar nicht an. Wenn sie nicht regelmäßig mit einer Softbürste gestriegelt werden, wirken sie schnell sehr ungepflegt. Gewöhnen Sie schon Ihr kleines Kätzchen spielerisch an das Bürsten, dann gibt es später keine Probleme. Nie Zwang anwenden! Die Pflegestunde soll gleichzeitig Schmusezeit sein.

Baden nur im Ausnahmefall

Ist das Fell einer kranken Katze oder einer Langhaarkatze verklebt und schmutzig, muss sie gebadet werden. Dazu handwarmes Wasser etwa 20 cm hoch ins Waschbecken laufen lassen und die Katze unter beruhigendem Zureden und Streicheln hineinstellen und festhalten. Bitte keine Dusche benutzen, sondern das Wasser mit der hohlen Hand oder einem Becher schöpfen. Klares Wasser oder nur ein spezielles, mildes Tiershampoo verwenden. Vermeiden Sie, dass Wasser ins Katzengesicht spritzt. Anschließend hüllen Sie die Katze in ein großes (vorgewärmtes) Frotteetuch. Das handtuchtrockene Fell kann an der Zimmerluft trocknen. Fell nicht föhnen!

Alte Katzen brauchen besondere Pflege

Mit den Jahren nimmt die Beweglichkeit ab. Senioren fällt es deshalb eventuell schwer, sich noch selbst so zu pflegen wie in ihrer Jugend. Wir können sie mit regelmäßigem Bürsten dabei unterstützen, auch noch im Alter ein glänzendes, sauberes Fell zu haben. Verkrustungen, die sich an den Augen bilden, entfernen Sie am besten mit einem angefeuchteten, weichen Papiertuch oder speziellen Augenpflegetüchern. Zu lange Krallen vom Tierarzt kürzen lassen. Senioren leiden öfter an Zahnstein und Zahnerkrankungen als Jüngere. Deshalb sind regelmäßige Kontrollen wichtig. Auch ihr Futter verwerten ältere Tiere oft nicht mehr so gut; geben Sie ihnen am besten ein spezielles Seniorenfutter. Mit dem Alter steigt leider auch das Krankheitsrisiko. Vorsorgeuntersuchungen wie ein spezieller »Geriatrie-Gesundheits-Check« beim Tierarzt können zur Früherkennung und rechtzeitigen Behandlung schwerer Erkrankungen beitragen.

Zärtliche Schmusestunden sind Balsam für die Seele von Mensch und Tier.

Check-up und Pflege

Regelmäßige Körperpflege und ein Gesundheits-Check einmal wöchentlich garantieren das Wohlbefinden Ihrer Katze. Viel Arbeit ist es nicht, denn Samtpfoten sind von Natur aus sehr sauber und gepflegt. Die »Katzenwäsche« ist gründlicher als unsere Redensart vermuten lässt.

Pflege-kamm

Kämmen & Bürsten

Katzen mit längeren Haaren müssen täglich gekämmt und gebürstet werden. Gewöhnen Sie schon die Kleinen daran. Am schnellsten verfilzt das Fell im Bauchbereich und zwischen den Beinen. Die Katze beim Kämmen so halten und abstützen, wie es auf dem Foto gezeigt wird.

Trimm-messer

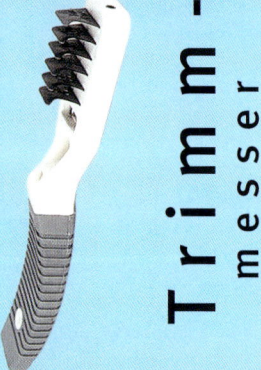

Entfilzen

So weit sollte es erst gar nicht kommen, dass Filzknoten im Fell entstehen. Gut geeignet zum Entfernen kleiner Filzstellen ist dieses Trimmmesser. Mit scharfen Kingen schneidet es verknotetes Haar auseinander. Damit es nicht zu sehr ziept, bitte Haare und Haut dabei festhalten.

Feucht tücher

Ohren & Augen

Feuchte milde Pflegetücher gibt es extra für Katzen-Ohren und -Augen. Bitte nur den oberen Teil der Ohrmuschel auswischen. Niemals mit Q-Tips tiefer hineingehen. Dunkler Schmutz ist ein Zeichen für Milbenbefall. Gehen Sie bitte zum Tierarzt. Langhaarkatzen haben oft Krusten in den Augenwinkeln.

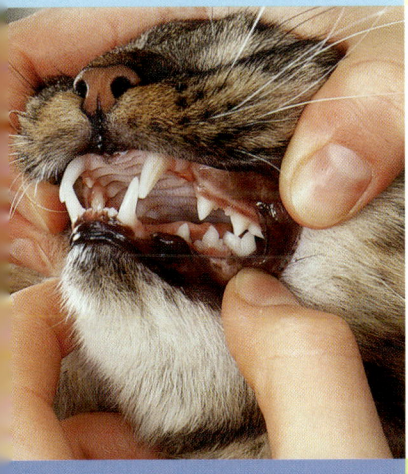

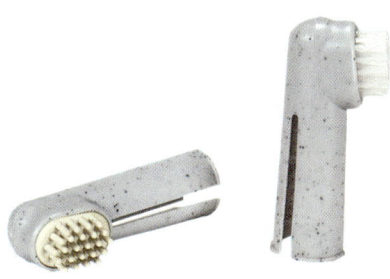

Zahn pflege

Zahnpflege

Auch Katzen bekommen Zahnstein, der zu schmerzhaften Entzündungen führen kann. Bei monatlichen Kontrollen entdecken Sie rechtzeitig, ob Zahnstein entfernt werden muss. Zähneputzen zur Vorbeugung lassen sich nur wenige Katzen gefallen. Gewöhnen Sie schon das junge Kätzchen daran.

Zecken-schreck

Plagegeister

Zecken: für reine Wohnungskatzen kein Thema. Nur freilaufende Katzen werden zur Zeckenbeute. Falls Ihre Katze vor die Türe kommt und einen Blutsauger mitbringt, ist er einfach mit der Zeckenzange herauszudrehen. Im Fachhandel gibt es auch Halsbänder gegen Zecken und Flöhe (→ Seite 58).

prrrr
prrrp
rrrprr
prr rr
prr

Wenn die Harmonie gestört ist

Auch in der besten Beziehung kriselt es manchmal. Das ist zwischen Mensch und Katze nicht anders. Fast immer beruhen Missverständnisse auf Kommunikationsproblemen. Hat der Mensch nicht gelernt, seine Katze zu verstehen, sind Schwierigkeiten vorprogrammiert.

Probleme richtig lösen

Wenn es Probleme mit der Katze gibt, ist es wichtig, den Ursachen möglichst bald auf die Spur zu kommen.

Gefahr Nummer 1: Langeweile

Die Katze ist bereit, sich voll und ganz auf den Menschen einzulassen. Sie ist bereit, sich seinen Wohnverhältnissen und seinem Zeitplan anzupassen. Sie ist in der Lage, ihren natürlichen Jagdtrieb an Spielzeug auszuleben. Womit sie aber absolut nicht fertig wird, das ist Langeweile. Auch wenn Katzen ein hohes Ruhe- und Schlafbedürfnis haben, so sind sie doch in der übrigen Zeit umso aktiver. Von morgens bis abends allein gelassen zu werden, ohne sinnvolle Beschäftigung – das macht unzufrieden und krank. Langeweile nimmt allmählich den Lebensmut oder man kommt auf dumme Gedanken.

Dann sind plötzlich die Pflanzen in der Wohnung zerrupft, die Tapeten sind zerkratzt, edle Dekorationsstücke sind vom Schrank auf den Boden geworfen worden oder eine große Pfütze ziert den Sessel. Oder die Katze attackiert unversehens Ihre

Protest-Aktion

Cindy hat ins Bett gemacht. Das kostete sie Überwindung. Aber wie sonst soll sie ihrem Herrchen klar machen, dass er sich dringend mehr um sie kümmern muss? Den ganzen Tag lässt er sie allein und denkt noch nicht einmal daran, wenigstens abends richtig mit ihr zu spielen.

Achtung Miezis. Heut' bin ich der Fotograf.

Beine, wenn Sie nach Hause kommen. Andere Katzen schreien ausdauernd oder lassen Sie nachts nicht schlafen. Mit solchen Aktivitäten können sie aufgestaute Energien abbauen und auf sich aufmerksam machen. Sie dafür zu bestrafen, wäre völlig falsch. Der Mini-Tiger macht den Unsinn nicht aus Bösartigkeit. Sondern aus Kummer. Es ist ein Hilfeschrei der Seele. Nicht alle Katzen entladen ihren Frust aber in Aggressivität oder Unsauberkeit. Viele suchen eine Ersatzbefriedigung durch Fressen. Je mehr sie futtern, umso weniger bewegen sie sich und werden schließlich immer fetter und apathischer. Ist die Katze tagsüber allein zu Hause, prüfen Sie bitte selbstkritisch, wie viel Zeit Sie Ihrem Stubentiger wirklich widmen, um mit ihm zu toben, zu spielen und zu schmusen. Meist ist dann die Wurzel des Übels schnell gefunden: Langeweile und Einsamkeit. Wenn Sie es nun durchaus nicht möglich machen können, Ihrer Katze mehr Zeit zu widmen, sollten Sie ihr einen Artgenossen dazugesellen. Zwei Katzen können sich miteinander beschäftigen, wann immer ihnen danach ist (→ Seite 10).

Aneinander gewöhnen

Wenn Sie von Anfang an zwei Geschwisterkatzen gewählt haben, hat es bestimmt nie Probleme mit beiden gegeben. Sie sind von Anfang an ein Herz und eine Seele. Nicht viel schwieriger ist es, zwei junge Kätzchen aneinander zu gewöhnen, die aus verschiedenen Würfen kommen. Anders ist es jedoch bei erwachsenen Katzen, die sich ihr angestammtes Revier plötzlich mit einem Eindringling teilen sollen. Das kann keine Katze einfach so hinnehmen. Deshalb gibt

Vom fremden Teller naschen ist doch zu verlockend! Da hilft oft nur: Katze raus und Türen zu!

es beim Start ins doppelte Katzenglück meist erst einmal so richtig Zoff. Da wird wild gefaucht und geknurrt. Eventuell müssen die älteren Rechte auch mit ein paar Pfotenhieben verdeutlicht werden. Sogar eine lautstarke Rauferei ist nicht ausgeschlossen. Meist ist es trotzdem nicht nötig, einzugreifen. Die Kontrahenten handeln bald einen Waffenstillstand aus. Oft gehen sie sich erst einmal aus dem Weg. Ganz allmählich nähern sie sich einander an und schließen schließlich Freundschaft. Dieser Prozess kann viele Tage und sogar viele Wochen dauern. Die Zeit ist abhängig vom Alter der Katzen, ihrem Wesen und ihrem Temperament. Geben Sie nicht zu früh auf. Richtige Kriegserklärungen sind sehr selten. Den Eingewöhnungsprozess können Sie unterstützen, indem Sie mit Ihrer Erstkatze besonders intensiv schmusen und ihr die

Wo sich zwei Katzen miteinander beschäftigen können, gibt's weniger Probleme.

Gewissheit geben, weiterhin das Wichtigste in Ihrem Leben zu sein. Damit verhindern Sie, dass es zu einem Eifersuchtsdrama kommt. Jeder muss seine eigenen Futter- und Trinknäpfe, Toilette und Schlafkörbchen haben. Jeder sollte die Gelegenheit haben, sich in einen separaten Teil der

Erziehungsregeln

➤ **Konsequent bleiben** Die Katze kann es nicht nachvollziehen, warum sie einmal am Tisch gefüttert wird und ein anderes Mal nichts bekommt. Inkonsequenz stachelt ihren Ehrgeiz an, ihr Ziel doch noch zu erreichen.

➤ **Positiv verstärken** Schimpfen und Schläge nutzen gar nichts – sie machen das Tier scheu oder aggressiv. Loben und streicheln Sie die Katze, wenn sie sich richtig verhalten hat. Andere Erziehungsmaßnahmen → Seite 74/75.

➤ **Geduld aufbringen** Katzen sind Gewohnheitstiere. Es ist nicht leicht, ihr abzugewöhnen, was sie bisher als richtig angesehen hat. Mit Geduld steigen Ihre Chancen!

➤ **Natürliche Verhaltensweisen verstehen** Katzen sind keine lebendigen Stofftiere. Ihren natürlichen Jagdtrieb und ihr Revierverhalten müssen wir respektieren und ihnen Möglichkeiten geben, diese auch tatsächlich auszuleben.

➤ **Ruhe und Vertrauen** Machen Sie Ihrer Katze ruhig und bestimmt klar, was erwünscht ist und was nicht. Wenn sie Ihnen vertraut, ist sie bereit, Ihre Regeln zu akzeptieren.

➤ **Keinen Zwang ausüben** Katzen folgen nicht in blindem Gehorsam, sondern sind bereit zur Kooperation, wenn wir ihr Interesse geweckt haben. Auf Zwang reagieren sie jedoch mit Abwehr.

➤ **Pünktlichkeit** Katzen wollen ihr Futter, Schmuseeinheiten und Spielstunden immer zur gleichen Zeit. Sie erziehen ihren Menschen zu mehr Pünktlichkeit.

Wohnung zurückzuziehen. Mischen Sie sich ansonsten möglichst wenig ein. Dann stehen die Chancen gut, dass es eine harmonische Beziehung wird.

Markieren

Katzen kennzeichnen ihr Revier auf vielfältige Weise. Mit Hilfe ihrer Duftdrüsen an Backe, Flanken, Schwanzwurzel und Pfotenballen parfümieren sie die Wohnung und ihre Bewohner. Die Duftstoffe werden durch Reiben und Kratzen verteilt. Dieses Markieren stört uns nicht, solange sie nicht an unseren Möbeln kratzt. Die Duftstoffe nehmen wir nicht wahr. Geschlechtsreife Katzen, insbesondere Kater, haben jedoch außerdem das Bedürfnis, ihr Revier durch Urinspritzen zu markieren. Sie sprühen Schränke, Türen, Sessel oder Wände an und das stinkt uns ganz gewaltig. Mit einem unkastrierten Kater ist es deshalb so gut wie unmöglich, in einer Wohnung zusammenzuleben. Es gehört zu seinem natürlichen Verhalten und ist ihm durch keine Erziehungsmaßnahme abzugewöhnen. Die einzige Möglichkeit, miteinander unter einem Dach auszukommen, ist die Kastration. Die sollte allerdings besser schon vor der Geschlechtsreife erfolgen, sonst kann es passieren, dass er das Spritzen nicht mehr lässt. Auch rechtzeitig kastrierte Katzen markieren manchmal mit Urin. Oft ist dann Unsicherheit, Veränderung oder Angst im Spiel. Versuchen Sie, das Selbstbewusstsein Ihrer Katze zu stärken, und beschäftigen Sie sich mehr mit ihr. Ein Spray vom Tierarzt, das so genannte Gesichtspheromone enthält, hilft, das Markieren zu verhindern. Auch das Absetzen von Kothaufen außerhalb der Toilette kann eine Form der Markierung sein.

Unsauberkeit

Verrichtet eine Katze, die sonst immer die Toilette benutzt hat, ihre Geschäfte plötzlich an anderen Stellen der Wohnung (vorzugsweise auf Betten, Sesseln oder auch dem Sofa), kann das verschiedene Ursachen haben:

Tipp

Kratzen. Katzen müssen kratzen, um ihre Krallen zu pflegen. Ein Kratzbaum oder -brett ist deshalb unentbehrlich in der Wohnung. Es gibt aber Katzen, die die Sisalbespannung des Kratzbaumes nicht mögen und lieber an Möbeln und Wänden kratzen. Umwickeln Sie die Bespannung am Kratzbaum einfach mit grobem Stoff.

Die Katze ist krank. Sie hat zum Beispiel eine Blasen- oder Nierenentzündung, Harnsteine oder eine Darmerkrankung.

Die Toilette ist verschmutzt. Oder sie steht am falschen Ort, riecht zu sehr nach Putzmitteln, ist neu, hat eine störende Haube oder enthält die falsche Katzenstreu.

Die Katze ist eifersüchtig. Vielleicht ist ein neuer Hausgenosse eingezogen, Sie haben Ihre Wohnungseinrichtung verändert oder Ihr Liebling fühlt sich vernachlässigt? Schließen Sie zunächst aus, dass die Katze krank ist. Stellen Sie sie im Zweifelsfall dem Tierarzt vor.

Säubern Sie die Toilette regelmäßig mit heißem Wasser. Nehmen Sie eine hochwertige Katzenstreu ohne Duftstoffe und überprüfen Sie den Standort.

Falls Eifersucht und Vernachlässigung die Ursachen sind, hilft viel Zärtlichkeit und Zuwendung.

Unsauberkeit aus Protest ist nicht leicht in den Griff zu bekommen. Typische »Tatstellen« nach der gründlichen Reinigung mit glatten Folien abdecken. Eventuell mit einem Spray, das so genannte Gesichtspheromone enthält, einsprühen (beim Tierarzt erhältlich).

Verwenden Sie auch keine ammoniak- oder essighaltigen Reinigungsmittel. Sie animieren die Katze dazu, wieder die gleiche Stelle als Toilette zu benutzen.

Kratzen an Möbeln und Wänden

Wenn kein geeigneter Kratzbaum oder ein Kratzbrett zur Verfügung steht oder wenn er falsch platziert ist, dann suchen sich die Stubentiger Ersatz, um ihre Krallen zu pflegen. Das Problem ist leicht zu lösen: Ein stabiler Kratzbaum oder ein Kratzbrett an der richtigen Stelle (nämlich am Weg zwischen Schlaf- und Futterplatz) ist die erste Voraussetzung. Eventuell einen anderen Standort ausprobieren. Gleichzeitig wird die bevorzugte Kratzstelle an Möbelstück oder Wand mit glatter Folie abgedeckt. Ist die Wand gar zu verlockend, geben Sie nach! Bringen Sie an dieser Stelle einfach ein Kratzbrett an.

Aggression

Im Spiel können Katzen leicht einmal über die Stränge schlagen. Dann verirren sich Krallen und Zähne auch schon einmal im Eifer des Gefechts in die menschliche Hand. Mit einem deutlichen »Au!«, kräftigem Anpusten und sofortigem Spielabbruch lernt die Katze aber schnell, sich an die Regeln zu halten. Dass Katzen von sich aus den Menschen angreifen, kratzen und beißen, ist jedoch sehr selten. Manchmal sind Schmerzen und eine schwere Krankheit die Ursachen. Aber es können auch große seelische Wunden sein, die die Katze dazu bringen, auf diese Weise SOS-Signale zu senden. Zuerst sollten Sie beim Tierarzt körperliche Ursachen ausschließen. Machen Sie dann der Katze deutlich klar, dass aggressives Verhalten unerwünscht ist und ihr nicht mehr Aufmerksamkeit einbringt. Pusten Sie ihr kräftig ins Gesicht (das ist wie Fauchen) und befördern Sie sie umgehend aus dem Raum, in dem Sie sich aufhalten. Wenn sie sich »normal« verhält, belohnen Sie sie mit sehr viel Zuwendung. Schmusen Sie und spielen Sie viel mit ihr. Versuchen Sie die Ursache für ihr Verhalten zu finden. Eventuell kann auch eine zweite, jüngere Katze Wunder wirken. Falls Sie alleine nicht weiterkommen, sollten Sie einen Tierpsychologen zu Rate ziehen.

Junge Kätzchen sind noch sehr lernbereit und mit Konsequenz recht gut zu erziehen.

Verhalten und Erziehung

Manchmal wird das arttypische Verhalten der kleinen Raubkatzen in der Wohnung zum Problem. Mit einer katzengerecht ausgestatteten Wohnung, viel Beschäftigung und konsequenter Erziehung von Anfang an lassen sich jedoch viele Schwierigkeiten vermeiden. Etwas Toleranz ist aber nötig.

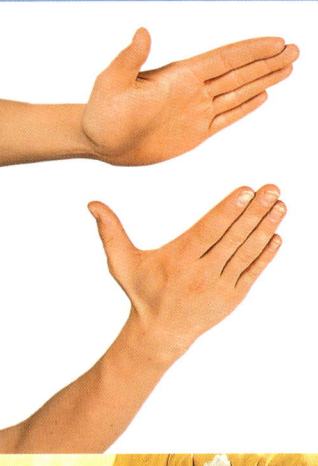

H ä n d e klatschen

Abschreckung

Macht die Katze Unsinn, können Sie sie mit einem schnellen und lauten Händeklatschen von ihrem Tun abbringen. Auch andere laute Geräusche haben eine abschreckende Wirkung. Aber setzen Sie diese »Waffe« nicht zu oft ein, sonst ist sie bald wirkungslos.

Tisch abräumen

Tischdecken, vor allem mit Fransen, sind verlockend für Katzenkrallen. Noch verführerischer ist es, wenn obendrauf etwas Essbares steht. Ein kurzes Ziehen genügt und es ist serviert! Zur Ablenkung werfen Sie schnell mit einem Papierbällchen. Sie dürfen ruhig auf die Katze zielen.

P a p i e r ball

Blumenfreund

Katzen lieben Pflanzen in der Wohnung. Sie wollen daran knabbern, mit raschelnden Blättern spielen oder sich einfach im Dickicht verstecken. Das bekommt der teuren Zimmerpalme schlecht. Da hilft meist nur, dem Tiger Katzengras zu geben und die Palme auszuquartieren.

Betthupferl

Katzen lieben ihren Menschen, Höhlen und Wärme. Logisch, dass sie besonders gern mit unter die Bettdecke schlüpfen. Sind Katze und Mensch gesund, müssen Sie sich deshalb nicht sorgen. Schlafen Sie aber lieber ohne das wärmende Katzenfell, muss die Tür konsequent zubleiben.

Naschkatze

Minka ist noch jung und versteht nicht, warum der leckere Geburtstagskuchen für sie tabu sein soll. Nicht gleich losschreien, sondern versuchen, das Kätzchen mit Schütteln der Leckerli-Dose abzulenken. Wenn Sie Erfolg haben, lassen Sie das Tier nach der verdienten Belohnung springen.

Verlockungen

Wasser-spritze

Kratzorgie

Katzen müssen kratzen. Allerdings nicht unbedingt an den Möbeln. Ein gezielter Wasserstrahl aus der Blumenspritze, jedes Mal, wenn Sie die Katze auf frischer Tat ertappen, kann Wunder wirken. Danach die Katze sofort an den Kratzbaum setzen und sie loben, wenn sie dort kratzt.

Register

Die **halbfett** gesetzten Seitenzahlen verweisen auf Abbildungen.

Adressen

■ **Verein Deutscher Katzen-freunde e.V.**
Postfach 740924,
22099 Hamburg
■ **Deutscher Edelkatzen-züchterverband (1. DEKZV)**
Berliner Straße 13, 35614 Aßlar
Internet: www.dekzv.de
■ **Deutsche Rassekatzen Union e.V. (DRU)**
Hauptstraße 56,
56814 Landkern
Internet: www.DRU.de
■ **Österreichischer Verband für die Zucht und Haltung von Edelkatzen (ÖVEK)**
Liechtensteinstr. 126, A-1090 Wien
■ **Fédération Féline Helvé-tique (FFH)**
Denise Kötz, Solothurnerstr. 83,
CH-4053 Basel
Internet: www.ffh.ch
■ **Deutscher Tierschutzbund e.V.**
Baumschulallee 15, 53115 Bonn
Internet: www.tierschutzbund.de

Zeitschriften

■ **Whiskas® Katzenwelt**
Erscheint viermal im Jahr kostenlos bei Whiskas®
Betreuungs-Service, Postfach 6808,
76048 Karlsruhe, Tel. 01805/300311
Internet: www.whiskas.de
■ **Ein Herz für Tiere**
Gong Verlag, Nordendstraße 64,
80801 München
Internt: www.herz-fuer-tiere.de
■ **Geliebte Katze**
Gong Verlag, Nordendstraße 64,
80801 München
Internet: www.geliebte-katze.de
■ **die edelkatze**
Illustrierte Fachzeitschrift für Kat-zenfreunde. Verbandszeitschrift des DEKZV, Berliner Straße 13,
35614 Aßlar
■ **katzen**
Herausgeber: Deutsche Rassekat-zen-Union e. V. (DRU),
Hauptstraße 56, 56814 Landkern
■ **Welt der Katze**
Erscheint viermal im Jahr
Postfach, CH-8706 Meilen
Infoline: 0848-811-810
Internet: www.whiskas.ch

Die Autorin

Sigrun Rittrich-Dorenkamp, Journa-listin und (TV)Redakteurin, lebt und arbeitet zusammen einem Tierarzt, ihren fünf Kindern, vier Katzen, drei Hunden und vielen anderen Tieren in Salzkotten in Ostwestfalen. Sie schreibt für verschiedene Zeitungen, macht Filme und ist Autorin mehre-rer Tierbücher.

Die Fotografin

Monika Wegler gehört zu den bes-ten Heimtierfotografen Europas. Sie arbeitet außerdem als Journalis-tin, Tierbuch-Autorin, züchtet Abes-sinierkatzen und lebt mit sieben Samtpfoten zusammen.
Die folgende Aufnahmen dieses Rat-gebers stammen von ihr:
Seite 2, 3, 4, 5, 6, 9, 10, 11, 13, 14 (außer o.re.), 15, 16, 17, 18, 19 u., 23, 24, 25, 26, 27, 28, 29, 30, 31, 32, 33, 34, 35, 37, 39, 40 (außer u.mi.), 41, 42, 43, 44, 45 u., 46, 47, 48, 49, 51, 52, 53, 54, 55, 56, 58, 59, 61, 63, 64, 65, 66, 67, 69 u., 70 re., 73, 74, 75; Whiskas®: Seite U1, 1, 7, 12, 14 o.re., 19 o., 20, 40 u.mi., 45 o., 57, 60, 68, 69 o., 70 li., U4

Ein Dankeschön an

Barbara Ehrl, die für die Fotoproduktion Katzenausstattung zur Verfügung stellte (»Katzenoase«, Georgenschwaigstraße 1, 80807 München, e-mail: Katzenoase@t-online.de).

Wenn Sie Fragen oder Anregungen haben, dann können Sie sich selbstverständlich auch direkt an unseren Partner wenden:

Whiskas®
Masterfoods GmbH
Kundentelefon: 01805/300311
Internet: www.whiskas.de

Impressum

Redaktionsleitung: Anita Zellner
Redaktion: Gabriele Linke-Grün
Umschlaggestaltung und Layout: Henning Bornemann
Projektleitung: Whiskas® (Masterfoods GmbH): Margrit Kolbe-Hopp
Herstellung: Susanne Mühldorfer
Satz: Cordula Schaaf
Reproduktion: Penta, München
Druck: Appl
Bindung: Monheim

Printed in Germany
ISBN 3-7742-3958-4

Auflage: 4.   3.   2.   1.
Jahr: 05   04   03   2002

Das Original mit Garantie

Ihre Meinung ist uns wichtig. Deshalb möchten wir Ihre Kritik, gern aber auch Ihr Lob erfahren. Um als führender Ratgeberverlag für Sie noch besser zu werden. Darum: Schreiben Sie uns! Wir freuen uns auf Ihre Post und wünschen Ihnen viel Spaß mit Ihrem GU-Ratgeber. Unsere Garantie: Sollte ein GU-Ratgeber einmal einen Fehler enthalten, schicken Sie uns bitte das Buch mit einem kleinen Hinweis und der Quittung innerhalb von sechs Monaten nach dem Kauf zurück. Wir tauschen Ihnen den GU-Ratgeber gegen einen anderen um.

Ihr Gräfe und Unzer Verlag
Redaktion Heimtier
Stichwort: Whiskas® Katzenratgeber
Postfach 860325
81630 München
Fax: 089/4 19 81-113
e-mail:
leserservice@graefe-und-unzer.de

WHISKAS® KATZENRATGEBER

damit Ihre Katze sich wohl fühlt

ISBN 3-7742-5388-9
80 Seiten

ISBN 3-7742-5391-9
80 Seiten

ISBN 3-7742-3958-4
80 Seiten

ISBN 3-7742-5390-0
80 Seiten

ISBN 3-7742-5389-7
80 Seiten

Die Welt der Katzen entdecken und alles erfahren, was man schon immer über die kleinen Tiger wissen wollte! So klappt das harmonische Zusammenleben von Mensch und Katze von Anfang an.

Gutgemacht. Gutgelaunt.

prrrr
prrrr
prprp rr
prprprp rr
prprrrp rr
prrr rrrp rr